Mittelmeerküche

Parragon
Bath New York Singapore Hong Kong Cologne Delhi Melbourne

DANKSAGUNGEN
Redaktion: Julia Canning
Fotos: Colin Bowling, Paul Forrester und Stephen Brayne
Rezepte: David Morgan, Vicki Smallwood und Gina Steer

Alle Requisiten von Barbara Stewart (Surfaces)

Parragon Books Ltd
Queen Street House
4 Queen Street
Bath BA1 1HE, UK

Realisation der deutschen Ausgabe: trans texas publishing, Köln
Übersetzung aus dem Englischen: Annette Mader, Köln
Satz und Redaktion: ce redaktionsbüro für Das Redaktionsbüro, Köln

HINWEIS

Sind Zutaten in Löffelmengen angegeben, ist immer ein gestrichener Löffel gemeint. Ein Teelöffel entspricht 5 ml, ein Esslöffel 15 ml. Sofern nichts anderes angegeben ist, wird Vollmilch (3,5 % Fett) verwendet. Bei Eiern und einzelnen Gemüsesorten, z. B. Kartoffeln, verwenden Sie mittelgroße Exemplare. Pfeffer sollte stets frisch gemahlen werden. Sofern die Schale von Zitrusfrüchten benötigt wird, verwenden Sie unbedingt unbehandelte Früchte.

TK: Tiefkühlware

Kinder, ältere Menschen, Schwangere, Kranke und Rekonvaleszenten sollten auf Gerichte mit rohen oder nur leicht gegarten Eiern verzichten.

ISBN 978-1-4075-8347-1

Printed in Malaysia

Inhalt

ECKART WITZIGMANN

✷ KOCH DES JAHRHUNDERTS ✷

Eckart Witzigmann lebt und beherrscht die Kunst des Kochens seit nunmehr 45 Jahren. Weltweit gilt er als einer der renommiertesten Sterneköche, Kochbuchautoren und Gastronomie-Experten. „Koch des Jahrhunderts“ ist nur eine von zahlreichen Auszeichnungen, die ihm über die Jahre im In- und Ausland verliehen wurden.

Liebe Leser,

mit dem Kauf dieses Buches haben Sie eine richtige Entscheidung getroffen – die Entscheidung, selbst zu kochen und sich mehr mit dem Thema Ernährung zu beschäftigen. Dazu kann ich Ihnen nur gratulieren und hoffe deshalb, dass dieses Buch Ihnen dabei ein wichtiger Wegbegleiter sein wird.

Zu all den hilfreichen Hinweisen, die Sie in diesem Buch finden, möchte ich Ihnen aber noch zwei weitere Ratschläge mit auf den Weg geben: Bitte denken Sie immer daran, dass noch kein Meister vom Himmel gefallen ist und nur die Übung eben diesen Meister macht. Ich selbst habe das im Laufe meiner eigenen Kochkarriere auch immer wieder feststellen müssen.

Sie werden nach einiger Zeit sicher bemerken, wie spannend Kochen sein kann, wie viel Spaß man damit haben kann und wie sehr Sie selbst zu Ihrem eigenen Wohlbefinden beitragen können.

In diesem Sinne wünsche ich Ihnen viel Erfolg am heimischen Herd und verbleibe in kulinarischer Verbundenheit

Ihr

EW

ECKART WITZIGMANN

Snacks & Vorspeisen

Einer der erfreulichsten Aspekte der Mittelmeerküche sind die Snacks und einfachen Gerichte, die zu jeder Tageszeit serviert werden. Die Spanier etwa sind berühmt für ihre Tapas, und die Griechen, Türken und Marokkaner lieben nichts mehr, als sich an einen Tisch voller verschiedener Appetitanreger und Snacks – die sogenannten meze *– zu setzen.*

Die Rezepte in diesem Kapitel sind einfach zuzubereiten und immer beliebt, weil sie so geschmackvoll sind. Sie eignen sich hervorragend für entspannte Zusammenkünfte mit Freunden. Und Rezepte wie Hummus, Taramasalata, Tapenade, Auberginenmus oder Aïoli fangen die Atmosphäre der sonnigen mediterranen Küche ein.

Versuchen Sie sich mit kalten Gerichten, Gazpacho, Knoblauch-Mandel-Suppe oder Ceviche, und genießen Sie dazu einige der folgenden köstlichen Dips. Was könnte an einem Sommertag köstlicher sein als Parmaschinken mit Melonen und Feigen? Wenn Sie einen anspruchsvollen Auftakt für Ihr Menü suchen, sollten Sie die Krabben-Sellerie-Remoulade ausprobieren. Servieren Sie sie mit einer gekühlten Flasche eines provenzalischen Rosés, und Ihre Gäste werden begeistert sein.

Hummus

Ergibt 700 g

ZUTATEN

200 g getrocknete Kichererbsen
2 große Knoblauchzehen
7 EL kaltgepresstes Olivenöl
2½ EL Tahina
1 EL Zitronensaft
Salz und Pfeffer
kaltgepresstes Olivenöl
Paprikapulver
frischer Koriander

1 Die Kichererbsen in eine große Schüssel geben. Die doppelte Menge an kaltem Wasser darübergießen und für mindestens 12 Stunden stehen lassen, bis die Erbsen ihre Größe verdoppelt haben.

2 Die Erbsen abgießen und in einen großen Kochtopf füllen. Die doppelte Menge an Wasser zugießen, zum Kochen bringen und 10 Minuten sprudelnd kochen. Die Oberfläche dabei regelmäßig abschöpfen.

3 Die Hitze reduzieren und 1 Stunde leicht kochen, bis die Erbsen zart sind. Bei Bedarf die Oberfläche abschöpfen. In der Zwischenzeit die Knoblauchzehen halbieren, den blassgrünen oder weißen Kern entfernen und die Hälften grob hacken. Beiseitestellen.

4 Die Erbsen abgießen und 4 Esslöffel des Kochwassers auffangen. Olivenöl, Knoblauch, Tahina und Zitronensaft in der Küchenmaschine zu einer weichen Paste pürieren.

5 Die Erbsen zufügen und vorsichtig mixen, bis sie zu kleinen Stücken gemahlen sind. Etwas Kochwasser zugießen, wenn die Mischung zu dick ist. Mit Salz und Pfeffer abschmecken.

6 In eine Schüssel füllen, mit Frischhaltefolie abdecken und zum Auskühlen in den Kühlschrank stellen. Zum Servieren mit etwas Olivenöl beträufeln, mit Paprika bestreuen und mit Koriander garnieren.

1

3

5

Taramasalata mit geröstetem Fladenbrot

Ergibt 450 g

ZUTATEN

225 g geräucherter Fischrogen
1 kleine Zwiebel, fein gehackt
1 Knoblauchzehe
60 g frisches Weißbrot, ohne Kruste
4 EL Zitronensaft, plus etwas zum Abschmecken
abgeriebene Schale von 1 Zitrone
150 ml kaltgepresstes Olivenöl
6 EL heißes Wasser
Salz und Pfeffer
ausgehöhlte Tomaten, zum Servieren
frische glatte Petersilie, zum Garnieren

FLADENBROT:
2 Fladenbrote
Olivenöl, zum Einpinseln

1 Die Haut vom Fischrogen entfernen. Rogen und Zwiebel in der Küchenmaschine zu einer glatten Masse pürieren. Knoblauch zufügen und vermischen.

2 Das Brot in Stücke zerteilen und in die Küchenmaschine geben, Zitronensaft und -schale zufügen. Mixen, bis das Brot gut eingearbeitet ist.

3 Dabei das gesamte Olivenöl in einem dünnen Strahl zugießen. Das Wasser zufügen und erneut mixen. Mit Salz, Pfeffer und nach Geschmack mit Zitronensaft würzen. In eine Schüssel füllen, mit Frischhaltefolie abdecken und in den Kühlschrank stellen.

4 Die Fladenbrote mit einem Sägemesser in zwei Hälften schneiden. Jede Hälfte, je nach Größe, in 6–8 Ecken schneiden. Auf einem Backblech verteilen und mit Olivenöl einpinseln.

5 Im vorgeheizten Backofen bei 180 °C etwa 20 Minuten backen. Auf einem Rost abkühlen lassen.

6 Die Taramasalata in die Tomaten löffeln, mit Petersilie garnieren und das geröstete Fladenbrot zum Dippen dazureichen.

1

2

4

Tzatziki

Ergibt 750 g

ZUTATEN

- 2 große Gurken
- 600 ml griechischer Joghurt (s. S. 182) oder Naturjoghurt
- 3 Knoblauchzehen, zerdrückt
- 1 EL frisch gehackter Dill
- 1 EL kaltgepresstes Olivenöl
- Salz und Pfeffer

GARNIERUNG:

- 1 EL Sesamsamen
- Cayennepfeffer
- frische Dillzweige (nach Geschmack)

1 Eine Schüssel mit einem saugfähigen, durchlässigen Küchentuch auslegen. Die Gurken in die Schüssel raspeln. Das Tuch an den Ecken aufnehmen, zu einem Bündel formen und kräftig den gesamten Saft auspressen (s. Tipp).

2 Die Gurken in eine Schüssel geben und den Joghurt unterrühren. Knoblauch, Dill und Öl zufügen und mit Salz und Pfeffer würzen. Mit Frischhaltefolie abdecken und für mindestens 3 Stunden kalt stellen.

3 Das Tzatziki vor dem Servieren aus dem Kühlschrank nehmen und gut umrühren. Noch einmal abschmecken.

4 Die Sesamsamen in eine kleine, ungefettete Pfanne geben und bei mittlerer Hitze braten, bis sie goldgelb werden und zu duften beginnen. Von der Pfanne sofort auf das Tzatziki streuen, damit sie knistern.

5 Die Spitze eines trockenen Pinsels in etwas Cayennepfeffer dippen und über dem Tzatziki ausklopfen. Nach Belieben mit frischem Dill garnieren und servieren.

TIPP

Damit der Dip nicht wässrig wird, muss in Schritt 1 unbedingt die gesamte Feuchtigkeit aus den Gurken herausgepresst werden.

TIPP

Tzatziki ist ohne Garnierung und bedeckt aufbewahrt bis zu 3 Tage im Kühlschrank haltbar.

Auberginenmus

Ergibt 400 g

ZUTATEN

2 große Auberginen
1 Tomate
1 Knoblauchzehe, zerdrückt
4 EL kaltgepresstes Olivenöl
2 EL Zitronensaft
2 EL Pinienkerne, leicht geröstet
Salz und Pfeffer
2 Frühlingszwiebeln, fein gehackt

GARNIERUNG:
gemahlener Kreuzkümmel
2 EL frisch gehackte glatte Petersilie

1 Mit einer Gabel die Auberginen rundum einstechen. Auf ein Backblech legen und im vorgeheizten Ofen bei 230 °C ca. 20–25 Minuten backen, bis sie sehr weich sind.

2 Mit einem Küchentuch die Auberginen vom Backblech nehmen und abkühlen lassen.

3 Die Tomate in eine hitzebeständige Schüssel geben, mit kochendem Wasser bedecken und 30 Sekunden stehen lassen. Abgießen und sofort in kaltes Wasser legen. Die Tomate häuten, halbieren und die Samen mit einem Teelöffel entfernen. Das Fruchtfleisch in kleine Stücke schneiden und beiseitestellen.

4 Die Auberginen längs halbieren. Das Fleisch mit einem Löffel ausheben und in eine Küchenmaschine geben. Knoblauch, Olivenöl, Zitronensaft und Pinienkerne zufügen und mit Salz und Pfeffer würzen. Die Mischung gut mixen.

5 Die Mischung in eine Schüssel geben, Frühlingszwiebeln und Tomate gut unterrühren. Abdecken und 30 Minuten kalt stellen.

6 Den Dip mit etwas Kümmel und Petersilie garnieren und servieren.

VARIATION

Nach Belieben 2–4 EL Tahina in Schritt 4 zufügen.

Tapenade

Ergibt jeweils 300 g

ZUTATEN

SCHWARZE TAPENADE:
250 g eingelegte schwarze Oliven, abgetropft und entkernt
1 große Knoblauchzehe
1 EL Walnüsse, grob gehackt
4 eingelegte Sardellenfilets, abgetropft
125 ml kaltgepresstes Olivenöl
Zitronensaft, zum Abschmecken
Pfeffer

GRÜNE TAPENADE:
250 g eingelegte grüne Oliven, abgetropft und entkernt
4 eingelegte Sardellenfilets, abgetropft
4 EL Mandeln, blanchiert
1 EL eingelegte Kapern, abgetropft
125 ml kaltgepresstes Olivenöl
½–1 EL geriebene Orangenschale
Pfeffer

CROÛTES:
dünne Baguettescheiben (nach Geschmack)
Olivenöl (nach Geschmack)
frische glatte Petersilie, fein gehackt, zum Garnieren

1 Für die schwarze Tapenade Oliven, Knoblauch, Walnüsse und Sardellen in eine Küchenmaschine geben und zu einer glatten Masse mixen.

2 Während der Mixer noch läuft, allmählich das Olivenöl zugießen. Mit Zitronensaft und Pfeffer abschmecken. In eine Schüssel füllen, mit Folie abdecken und kalt stellen.

3 Für die grüne Tapenade Oliven, Sardellen, Mandeln und Kapern in eine Küchenmaschine geben und zu einer glatten Masse mixen.

4 Sofort anschließend langsam das Olivenöl zugießen. Mit Orangenschale und Pfeffer abschmecken. In eine Schüssel füllen und mit Frischhaltefolie abgedeckt kalt stellen.

5 Für die Croûtes die Baguettescheiben auf beiden Seiten knusprig rösten und, solange sie noch warm sind, mit Olivenöl einpinseln.

6 Die Croûtes mit Tapenade bestreichen und mit Petersilie garnieren.

Bagna Cauda

Für 4–6 Personen

ZUTATEN

50 g eingelegte Sardellenfilets
2 Knoblauchzehen

5 EL Olivenöl
85 g Butter

ZUM SERVIEREN:
rote und grüne Paprika
Zucchini
Karotten
kleine Brokkoliröschen

1 Für das Gemüse zum Dippen Paprika halbieren, Trennhäute und Samen entfernen und in 5 mm dünne Stifte schneiden. Zucchini und Karotten in 5 mm dünne Stifte schneiden. In eine verschließbare Dose geben und kalt stellen.

2 Sardellenfilets abgießen und 5 Esslöffel Öl auffangen. Sardellen und Knoblauch hacken. Sardellen- und Olivenöl mit der Butter in eine Pfanne geben und unter Rühren rasch erhitzen, bis die Butter schmilzt.

3 Die Hitze reduzieren und Knoblauch zugeben. Unter Rühren 2 Minuten dünsten. Sardellen zufügen und weitere 10 Minuten schmoren, bis sie sich auflösen und die Mischung zu einem flüssigen Dip wird.

4 Stellen Sie den Dip auf ein Stövchen, um ihn während des Essens warm zu halten. Das Gemüse auf einer Platte anrichten und zum Dip servieren.

VARIATION

Dieser vollaromatische Dip harmoniert sehr gut mit den sonnengereiften, südeuropäischen Gemüsesorten, aber Sie können ihn auch mit jedem anderen Gemüse servieren, etwa mit blanchierten weißen oder grünen Spargelspitzen, Artischocken, grünen Bohnen oder Blumenkohlröschen.

Geeiste Gazpacho

Für 4–6 Personen

ZUTATEN

2 reife rote Paprika
1 Gurke
400 g große saftige Tomaten, gehäutet, entkernt und grob gehackt
4 EL Olivenöl
2 EL Sherry-Essig
Salz und Pfeffer

KNOBLAUCH-CROÛTONS:
2 EL Olivenöl
1 Knoblauchzehe, halbiert
2 Scheiben Brot ohne Rinde, in 5 mm dicken Würfeln
Meersalz

GARNIERUNG:
grüne Paprika, gewürfelt
rote Paprika, gewürfelt
Gurke, entkernt und fein gewürfelt
Frühlingszwiebeln, fein gehackt
Eiswürfel

1 Die Paprika halbieren, Trennhäute und Samen entfernen, dann grob hacken. Die Gurke schälen, längs halbieren, dann vierteln. Die Samen mit einem Teelöffel entfernen und das Fruchtfleisch grob hacken.

2 Paprika, Gurke, Tomaten, Olivenöl und Essig in eine Küchenmaschine geben und zu einer glatten Masse mixen. Mit Salz und Pfeffer würzen. In eine Schüssel geben, abdecken und für mindestens 4 Stunden kalt stellen.

3 In der Zwischenzeit für die Knoblauch-Croûtons Öl in einer Pfanne erhitzen. Knoblauch zufügen und unter Rühren 2 Minuten braten, um das Öl zu aromatisieren.

4 Den Knoblauch entfernen. Brot hinzufügen und von allen Seiten goldbraun braten. Auf Küchenpapier gründlich abtropfen lassen und mit Meersalz bestreuen. In einem luftdichten Behälter aufbewahren.

5 Zum Servieren die Gemüsegarnierungen jeweils in Schalen füllen. Die Suppe noch einmal abschmecken. Die Eiswürfel in die Suppenteller geben und die Suppe darübergießen. Sofort servieren.

1

2

4

Kalte Knoblauch-Mandel-Suppe

Für 4–6 Personen

ZUTATEN

400 g Baguette vom Vortag, in Scheiben
4 große Knoblauchzehen
3–4 EL Sherry-Essig
1 l kaltes Wasser
6 EL kaltgepresstes Olivenöl
225 g Mandeln, gemahlen
Meersalz und Pfeffer

GARNIERUNG:
kernlose weiße Trauben, gekühlt und in Scheiben
Pfeffer
kaltgepresstes Olivenöl

1 Das Baguette in kleine Stücke zupfen und in eine Schüssel geben. Mit ausreichend Wasser bedecken und für 15 Minuten stehen lassen. Das nasse Brot mit den Händen ausdrücken und in eine Küchenmaschine geben.

2 Die Knoblauchzehen längs halbieren und mit der Messerspitze den grünen oder weißen Kern entfernen. Zusammen mit 3 Esslöffeln Essig und 225 ml Wasser in die Küchenmaschine geben. Öl und Mandeln zufügen und mixen.

3 Während die Küchenmaschine noch läuft, das restliche Wasser einrühren, bis eine glatte Suppe entsteht. Mit dem restlichen Essig, Salz und Pfeffer abschmecken. Die Suppe in eine Schüssel füllen, abdecken und für mindestens 4 Stunden kalt stellen.

4 Vor dem Servieren noch einmal abschmecken. In Suppenteller füllen, Trauben in die Mitte legen und mit Pfeffer und einem Spritzer Olivenöl garnieren.

TIPP

Gekühlte Trauben gehören traditionell zu diesem Rezept, doch können sie auch durch andere Zutaten ersetzt werden. Versuchen Sie es mit Knoblauch-Croûtons und Gemüse (Geeiste Gazpacho, s. S. 20). Knoblauchliebhaber können dünn geschnittene Knoblauchzehen in Olivenöl goldbraun braten und als knusprigen Kontrast über die Suppe streuen. Auch Paprikapulver oder fein gehackte Petersilie eignen sich zur Garnierung.

Geflügelcreme mit Orzo

Für 4–6 Personen

ZUTATEN

1,2 l frische Hühnerbrühe
100 g Orzo oder andere kurze Suppennudeln

2 große Eier
4 EL Zitronensaft
Salz und Pfeffer

GARNIERUNG:
frische glatte Petersilie, fein gehackt

1 Die Hühnerbrühe in einem Topf zum Kochen bringen. Die Nudeln in die Brühe geben, aufkochen und je nach Packungsanweisung bissfest garen.

2 Die Eier in eine Schüssel geben und mindestens 30 Sekunden schlagen, dann den Zitronensaft zufügen und weitere 30 Sekunden schlagen.

3 Die Hitze unter dem Nudeltopf reduzieren, bis die Brühe nicht mehr kocht.

4 4–5 Esslöffel der heißen (nicht mehr kochenden) Brühe sehr vorsichtig unter die Eimischung schlagen. Nach und nach weitere 225 ml Brühe zufügen, dabei ständig schlagen, damit das Ei nicht gerinnt.

5 Die Zitronen-Ei-Mischung unter Rühren langsam in den Topf gießen, bis die Suppe andickt. Nicht mehr kochen. Mit Salz und Pfeffer würzen.

6 Die Suppe in vorgewärmte Teller füllen und mit der Petersilie garnieren. Sofort servieren.

VARIATION

Für eine gehaltvollere Suppe 300 g fein gehacktes, gekochtes Hühnerfleisch ohne Haut zufügen. Die Orzo-Nudeln, die wie kleine Weizenkörner aussehen, können auch durch Langkornreis ersetzt werden.

Geröstete Paprika-Tomaten-Suppe mit Dill

Für 6–8 Personen

ZUTATEN

- 1 kg saftige Eiertomaten, halbiert
- 2 große rote Paprika, halbiert und entkernt
- 1 Zwiebel, geviertelt
- 3 Stängel Dill, zusammengebunden, plus etwas mehr zum Garnieren
- 1 kleines Stück Orangenschale
- Saft von 1 Orange
- 600 ml Gemüsebrühe
- Salz und Pfeffer
- 1–1½ EL Rotweinessig
- Mittelmeerbrot (s. S. 198), zum Servieren

1 Tomaten, Paprika und Zwiebelviertel mit der Schnittseite nach oben auf ein Backblech legen. Im vorgeheizten Backofen bei 230 °C ca. 20–25 Minuten rösten, bis das Gemüse an den Ecken braun zu werden beginnt.

2 Das gegrillte Gemüse in einen großen Topf geben. Dill, Orangenschale und -saft sowie die Brühe zufügen. Mit Salz und Pfeffer abschmecken und zum Kochen bringen.

3 Die Hitze reduzieren, halb abdecken und 25 Minuten leicht kochen. Das Dillbündel entfernen, alle anderen Zutaten in eine Gemüsemühle geben und pürieren (s. Tipp). Alternativ in einer Küchenmaschine pürieren und durch ein feines Sieb streichen.

4 Die Suppe wieder in den ausgespülten Topf gießen und erhitzen. Den Essig zugießen und wenn nötig erneut abschmecken. In Suppenschalen füllen, mit Dill garnieren und mit knusprigem Mittelmeerbrot servieren.

TIPP

Eine Gemüsemühle, oder Moulilégume, wie die Franzosen sie nennen, eignet sich vor allem, um Gemüsesuppen und Saucen zu pürieren, weil so Schalen und Samen entfernt werden.

Pistou

Für 6–8 Personen

ZUTATEN

2 junge Karotten
2 Kartoffeln
200 g frische Erbsen mit Hülsen
200 g grüne Bohnen
150 g junge Zucchini
2 EL Olivenöl
1 Knoblauchzehe, zerdrückt
1 große Zwiebel, fein gehackt
2,5 l Gemüsebrühe oder Wasser
1 Bouquet garni aus 2 Petersilienstängeln, 1 Lorbeerblatt und 1 Stück Sellerie (7,5 cm)
1 große Tomate, gehäutet, entkernt und fein gehackt
85 g kleine Suppennudeln
gehobelter Parmesan, zum Garnieren

PISTOUSAUCE:
75 g frisches Basilikum
1 Knoblauchzehe
5 EL kaltgepresstes Olivenöl
Salz und Pfeffer

1 Für die Pistousauce Basilikum, Knoblauch und Olivenöl in eine Küchenmaschine geben und gut mixen. Mit Salz und Pfeffer abschmecken. In eine Schüssel füllen, abdecken und kalt stellen.

2 Die Karotten schälen, längs halbieren und in Scheiben schneiden. Die Kartoffeln schälen, vierteln und in Scheiben schneiden. Beiseitestellen.

3 Erbsenhülsen entfernen. Bohnenenden abknipsen und Bohnen in 2,5 cm lange Stücke schneiden. Die Zucchini längs halbieren und in Scheiben schneiden.

4 Das Olivenöl in einem großen Topf erhitzen. Den Knoblauch zufügen und unter Rühren 2 Minuten braten. Die Zwiebel zugeben und weitere 2 Minuten weich dünsten. Karotten und Kartoffeln sorgfältig einrühren.

5 Die Brühe zugießen und zum Kochen bringen. Die Hitze reduzieren, halb abdecken und 8 Minuten leicht kochen, bis das Gemüse allmählich weich wird.

6 Erbsen, Bohnen, Zucchini, Bouquet garni, Tomate und Nudeln einrühren. Abschmecken und 4 Minuten kochen, bis das Gemüse und die Nudeln weich sind. Die Pistousauce unterrühren und mit Parmesan servieren.

1

5

6

Parmaschinken mit Früchten

Für 4 Personen

ZUTATEN

1 Charentais-Melone
4 reife, frische Feigen (nach Geschmack)
12 dünne Scheiben Parmaschinken
Olivenöl, zum Beträufeln
Pfeffer
frische Petersilie, zum Garnieren

1 Die Melone längs halbieren. Mit einem Löffel die Samen entfernen. Jede Hälfte in 8 Stücke schneiden. Mit einem Schälmesser die Schale entfernen.

2 Eventuell den Stiel der Feigen abschneiden, die Feigen aber nicht schälen. Die Früchte aufrecht hinstellen und in Viertel schneiden, jedoch ohne sie ganz durchzutrennen. Zu einer „Blüte" öffnen.

3 3–4 Scheiben Schinken auf jedem Teller verteilen. Melonenstücke und gegebenenfalls Feigen-„Blüten" darauf verteilen. Alternativ die Melone zuerst auf die Teller geben und dann mit Schinken bedecken; nach Belieben Feigen hinzufügen.

4 Etwas Olivenöl darüberträufeln, mit ein wenig Pfeffer bestreuen, mit Petersilie garnieren und sofort servieren.

TIPP

Sie können auch alle Zutaten auf einer großen Platte anrichten, von der die Gäste sich selbst bedienen können.

VARIATION

Für die spanische Version können Sie den Parmaschinken durch Serranoschinken ersetzen, der ebenfalls ein salziges Aroma hat, aber nicht so fein geschnitten wird.

Tapas mit Chorizo & Kichererbsen

Für 4 Personen

ZUTATEN

7 EL Olivenöl
2 EL Sherry-Essig
Salz und Pfeffer
250 g frische Chorizo
1 kleine Zwiebel, fein gehackt
400 g Kichererbsen (Dose)
frischer Oregano oder glatte Petersilie, fein gehackt, zum Garnieren
frisches Brot, zum Servieren

1 6 Esslöffel Olivenöl und Sherry-Essig in einer Schüssel verrühren. Abschmecken und nach Belieben noch etwas Essig zufügen. Mit Salz und Pfeffer würzen und beiseitestellen.

2 Mit einem kleinen scharfen Messer die Haut von der Chorizo entfernen. Die Wurst in 5 mm dicke Scheiben schneiden und jede Scheibe halbieren.

3 Das restliche Olivenöl in einer kleinen Pfanne bei mittlerer Hitze erwärmen. Die Zwiebel zugeben und 2–3 Minuten dünsten. Die Wurst unterrühren und 3 Minuten schmoren, bis sie gar ist.

4 Mit einem durchbrochenen Pfannenwender Wurst und Zwiebel herausnehmen und auf Küchenpapier abtropfen lassen. Noch heiß zum Dressing geben und gut verrühren.

5 Die Kichererbsen in ein Sieb gießen und unter laufendem Wasser gründlich ausspülen; gut abschütteln. Zu den anderen Zutaten in die Schüssel geben und verrühren. Abkühlen lassen.

6 Vor dem Servieren noch einmal abschmecken, in eine Servierschüssel füllen, mit den Kräutern garnieren und mit frischem Brot servieren.

Dolmas

Ergibt 25–30 Stück

ZUTATEN

225 g eingelegte Weinblätter (ca. 40 Stück)	FÜLLUNG:	2 EL frisch gehackte Petersilie
150 ml Olivenöl	125 g Langkornreis (kein Basmati)	je 1 EL frisch gehackter Koriander und frisch gehackter Dill
4 EL Zitronensaft	350 ml Wasser	abgeriebene Schale von ½ Zitrone
300 ml Wasser	60 g Korinthen	Salz und Pfeffer
Zitronenschnitze, zum Servieren	60 g Pinienkerne, gehackt	
	2 Frühlingszwiebeln, fein gehackt	

1 Die Weinblätter auswaschen und in eine hitzebeständige Schüssel geben. Mit ausreichend kochendem Wasser bedecken und 5 Minuten ziehen lassen. Gut abtropfen.

2 In der Zwischenzeit für die Füllung Reis und Wasser mit einer Prise Salz in einen Topf geben und zum Kochen bringen. Die Hitze reduzieren und 12 Minuten leicht kochen, bis die Flüssigkeit absorbiert ist. Abgießen und beiseitestellen.

3 Korinthen, Pinienkerne, Frühlingszwiebeln, Kräuter und Zitronenschale unter den abgekühlten Reis rühren. Mit Salz und Pfeffer abschmecken.

4 Den Boden einer Pfanne mit 3 oder 4 dicken Weinblättern auslegen.

5 Ein Weinblatt mit der Äderung nach oben auf ein Küchenbrett legen. Eine kleine feste Rolle der Reisfüllung auf die Blattbasis legen. Das untere Ende des Blattes darüberfalten.

6 Jede Blattseite zur Mitte hin falten. Nun das Blatt um die Füllung rollen und leicht andrücken. Diesen Vorgang mit den restlichen Weinblättern wiederholen.

7 Die einzelnen Rollen nebeneinander in die Pfanne legen, mit dem Ende nach unten. Olivenöl, Zitronensaft und Wasser verrühren und in die Pfanne gießen.

8 Abdecken und 30 Minuten leicht kochen. Vom Herd nehmen und die Dolmas in der Flüssigkeit abkühlen lassen. Mit Zitronenschnitzen garniert servieren.

5

6

Gegrillte Sardinen

Für 4–6 Personen

ZUTATEN

12 Sardinen
Olivenöl
frische glatte Petersilie, zum Garnieren
Zitronenschnitze, zum Servieren

DRESSING:
150 ml kaltgepresstes Olivenöl
abgeriebene Schale von 1 großen Zitrone
4 EL Zitronensaft, oder mehr zum Abschmecken
4 Schalotten, in dünnen Ringen
1 kleine frische rote Chilischote, entkernt und fein gehackt
1 große Knoblauchzehe, fein gehackt
Salz und Pfeffer

1 Für das Dressing alle Zutaten in ein Schraubglas füllen, mit Salz und Pfeffer würzen, verschließen und kräftig schütteln. Auf eine metallfreie Servierplatte gießen, die groß genug ist, um die Sardinen nebeneinander aufzunehmen. Beiseitestellen.

2 Den Kopf der Sardinen entfernen und den Bauch längs aufschneiden. Die Fische ausnehmen, innen und außen mit kaltem Wasser abspülen und mit Küchenpapier trockentupfen.

3 Ein Backblech mit Alufolie auslegen, die glänzende Seite nach oben. Die Folie mit etwas Olivenöl einpinseln. Die Sardinen nebeneinander auf der Folie verteilen und mit etwas Dressing einpinseln. Unter dem vorgeheizten Grill ca. 90 Sekunden grillen.

4 Die Fische drehen, wieder mit etwas Dressing einpinseln und weitere 90 Sekunden grillen, bis sie durchgebraten sind und sich leicht häuten lassen.

5 Die Sardinen auf die Platte mit dem Dressing legen. Das Dressing über die Fische löffeln und auskühlen lassen. Bedecken und für mindestens 2 Stunden ziehen lassen.

6 Mit Petersilie garnieren und mit Zitronenschnitzen servieren.

Ceviche

Für 4 Personen

ZUTATEN

8 frische, küchenfertige Kammmuscheln
16 frische Garnelen mit Schale
2 Barschfilets à ca. 150 g, gehäutet

1 große Zitrone
1 Limette
1 rote Zwiebel, in dünnen Ringen
½ rote Chilischote, entkernt und fein gehackt
2–4 EL kaltgepresstes Olivenöl

ZUM SERVIEREN:
Salatblätter
Limetten- oder Zitronenschnitze
Pfeffer

1 Die Muscheln unter kaltem Wasser abspülen. Rotes und weißes Fleisch trennen und das weiße horizontal in 2–3 Scheiben schneiden. In eine Plastikschüssel geben.

2 Köpfe und Schale der Garnelen entfernen. Mit einem kleinen scharfen Messer den Rücken der Garnelen leicht einschneiden. Mit der Messerspitze die dünne schwarze Vene entfernen. Die Garnelen zu den Muscheln geben.

3 Das Barschfilet quer in dünne Scheiben schneiden und zu den Meeresfrüchten geben.

4 Zitrone und Limette mit festem Druck auf einem Küchenbrett hin- und herrollen. Die Zitrone halbieren und den Saft über dem Fisch auspressen. Mit der Limette ebenso verfahren.

5 Vorsichtig, aber gründlich verrühren und für 2 Stunden kalt stellen, jedoch nicht länger, da die Meeresfrüchte sonst zu weich werden.

6 Meeresfrüchte und Fisch mit dem Schaumlöffel in eine andere Schüssel füllen. Zwiebel, Chili und Olivenöl zufügen und vorsichtig verrühren. 5 Minuten ziehen lassen.

7 Mit einem Löffel auf Teller verteilen und mit Salatblättern, Zitronen- oder Limettenschnitzen und Pfeffer garniert servieren.

Krebs-Sellerie-Remoulade

Für 4 Personen

ZUTATEN

1½ TL Zitronensaft
1 TL Salz
450 g Sellerie
1½ EL Dijonsenf
1 großes Eidotter
150 ml kaltgepresstes Olivenöl
2 TL Weißweinessig
2 EL eingelegte Kapern, abgetropft
300 g frisches Krebsfleisch
Radicchioblätter, zum Servieren
frische Dill- oder Petersilienstängel, zum Garnieren

1 Zitronensaft und Salz in eine Schüssel mit etwas Wasser geben. Den Sellerie mit der Küchenmaschine oder von Hand raspeln. Sofort in die Schüssel mit dem angesäuerten Wasser geben, damit er nicht braun wird.

2 Für die Sauce Senf und Eidotter in einer Schüssel verrühren. Nach und nach Olivenöl unterrühren, bis eine Mayonnaise entsteht (s. Tipp). Essig unterrühren.

3 Den Sellerie abtropfen und mit Küchenpapier trockentupfen. Gut mit der Mayonnaise verrühren, abdecken und kalt stellen.

4 20 Minuten vor dem Servieren die Remoulade aus dem Kühlschrank nehmen. Kapern und Krebsfleisch unterrühren.

5 Eine Servierplatte mit Radicchioblättern auslegen und die Remoulade in die Blätter löffeln. Mit Dill oder Petersilie garnieren und servieren.

TIPP

Wenn die Sauce zu dick wird, ein weiteres Eigelb schlagen und langsam unterrühren. Dann das restliche Öl zufügen.

1

2

4

Griechischer Salat

Für 4 Personen

ZUTATEN

250 g Feta
250 g Gurken
250 g schwarze und grüne Oliven
1 rote Zwiebel oder
4 Frühlingszwiebeln
2 große saftige Tomaten
1 TL Honig
4 EL kaltgepresstes Olivenöl
½ Zitrone
Salz und Pfeffer
frischer oder getrockneter
Oregano, zum Garnieren
Fladenbrot, zum Servieren

1 Den Käse abtropfen, wenn er eingelegt war. In 1 cm große Würfel schneiden und in eine Salatschüssel geben.

2 Die Gurke längs halbieren und mit einem Teelöffel die Samen entfernen. In 1 cm dicke Scheiben schneiden und zum Käse geben.

3 Die Oliven entsteinen und ebenfalls in die Salatschüssel geben. Die rote Zwiebel in Ringe schneiden oder die Frühlingszwiebeln hacken und zum Salat geben.

4 Jede Tomate vierteln und die Samen mit einem Teelöffel entfernen. Das Fruchtfleisch in mundgerechte Stücke schneiden und in die Schüssel geben.

5 Mit den Händen alle Zutaten gut vermischen. Honig und Olivenöl verrühren und unter den Salat mischen. Mit Zitronensaft abschmecken. Eventuell mit Salz und Pfeffer würzen. Bedecken und kalt stellen.

6 Den Salat mit Oregano garnieren und mit Fladenbrot servieren.

TIPP

Die Zugabe von Honig betont das Aroma der Tomaten.

Salat mit gebackenem Ziegenkäse

Für 4 Personen

ZUTATEN

250 g gemischte Salatblätter, z. B. Rauke (Rucola), Feldsalat oder Chicorée

DRESSING:
6 EL kaltgepresstes Olivenöl
3 EL Rotweinessig
½ TL Zucker
½ TL Dijonsenf
Salz und Pfeffer

CROÛTES:
12 Scheiben Baguette
kaltgepresstes Olivenöl
12 dünne Scheiben provenzalischer Ziegenkäse, z. B. Picodon
frische fein gehackte Kräuter, z. B. Rosmarin, Thymian oder Oregano

1 Die Salatblätter unter Wasser waschen und mit einem Handtuch trockentupfen. In Küchenpapier einwickeln und in einen Gefrierbeutel geben. Fest verschließen und kalt stellen.

2 Für das Dressing alle Zutaten in ein Schraubglas füllen, verschließen und kräftig schütteln. Mit Salz und Pfeffer abschmecken und erneut schütteln. Beiseitestellen.

3 Für die Croûtes die Baguettescheiben auf beiden Seiten rösten, bis sie knusprig sind. Auf einer Seite das noch warme Brot mit etwas Olivenöl einpinseln.

4 Die Croûtes auf einem Backblech verteilen und jedes mit einer Scheibe Käse belegen. Die Kräuter über den Käse streuen und mit Olivenöl beträufeln. Im vorgeheizten Ofen bei 180 °C ca. 5 Minuten backen.

5 In der Zwischenzeit die Salatblätter in eine Schüssel geben. Das Dressing kurz schütteln und unter den Salat rühren. Den Salat gleichmäßig auf 4 Teller verteilen.

6 Die heißen Croûtes auf den Salat legen und mit zusätzlichem Baguette servieren.

Orangen-Fenchel-Salat

Für 4 Personen

ZUTATEN

4 große Orangen
1 große Fenchelknolle
2 TL Fenchelsamen
2 EL kaltgepresstes Olivenöl
Orangensaft, frisch gepresst, zum Abschmecken
frische fein gehackte Petersilie, zum Garnieren

1 Mit einem scharfen Messer Schale und Haut von einer Orange entfernen, dabei vorsichtig von oben nach unten schneiden, damit die Orange ihre Form behält. Über einer Schüssel arbeiten, um den Saft aufzufangen.

2 Mit den übrigen Orangen ebenso verfahren und den gesamten Saft auffangen. Das Fruchtfleisch horizontal in 5 mm dicke Scheiben schneiden und in einer Servierschüssel anrichten.

3 Die Wedel der Fenchelknolle entfernen. Die Knolle längs halbieren, dann vierteln. Den Fenchel quer in dünne Stifte schneiden. Sofort zu den Orangen geben und mit ein wenig Orangensaft verrühren, damit der Fenchel nicht braun wird.

4 Die Fenchelsamen gleichmäßig über dem Salat verteilen.

5 Das Olivenöl in einer kleinen Schüssel mit dem restlichen Orangensaft verrühren und mit frischem Orangensaft abschmecken. Über den Fenchel und die Orangen gießen und vorsichtig unterrühren. Mit Frischhaltefolie bedecken und kalt stellen.

6 Kurz vor dem Servieren aus dem Kühlschrank nehmen und mit Petersilie bestreuen. Kalt servieren.

VARIATION

Sie können den Fenchel auch durch eine klein geschnittene Zwiebel oder fein gehackte Frühlingszwiebeln ersetzen. Dieses Rezept stammt aus Spanien, in Sizilien wird es mit Blutorangen zubereitet.

Spanische Tortilla

Für 6–8 Personen

ZUTATEN

125 ml Olivenöl
600 g Kartoffeln, in Scheiben
1 große Zwiebel, in Ringen
1 große Knoblauchzehe, zerdrückt
6 große Eier
Salz und Pfeffer

1 Eine beschichtete Pfanne bei starker Hitze erwärmen. Olivenöl zugießen und erhitzen. Die Hitze reduzieren, Kartoffeln, Zwiebel und Knoblauch zufügen und unter häufigem Rühren 15–20 Minuten dünsten, bis die Kartoffeln weich sind.

2 Die Eier in einer großen Schüssel verquirlen und vorsichtig mit Salz und Pfeffer abschmecken. Mit einem durchbrochenen Pfannenwender Kartoffeln und Zwiebel aus der Pfanne heben und in die Schüssel geben. Das Öl aus der Pfanne in ein hitzebeständiges Kännchen gießen und die braunen Krusten vom Pfannenboden kratzen.

3 Die Pfanne erneut erhitzen. 2 Esslöffel des Öles und die Kartoffel-Ei-Mischung in die Pfanne geben. Die Kartoffeln zu einer glatten Schicht zusammendrücken. 5 Minuten braten, dabei die Pfanne gelegentlich schütteln, damit die Tortilla nicht am Boden anhaftet.

4 Die Pfanne schütteln und mit einem Spatel die Tortilla an den Rändern lösen. Einen großen Teller über die Pfanne stülpen und die Tortilla vorsichtig auf den Teller stürzen.

5 Die Tortilla vorsichtig mit der gebratenen Seite nach oben wieder in die Pfanne gleiten lassen. Mit dem Spatel die Ränder herunterdrücken. Weitere 3–5 Minuten bei mittlerer Hitze braten, bis die Tortilla fest ist.

6 Die Pfanne vom Herd nehmen und die Tortilla auf einen Servierteller gleiten lassen. Vor dem Schneiden mindestens 5 Minuten stehen lassen. Mit Salat entweder heiß, warm oder bei Zimmertemperatur servieren.

Spinatomelett mit Zwiebel & Kräutern

Für 6–8 Personen

ZUTATEN

4 EL Olivenöl
6 Frühlingszwiebeln, in Ringen
250 g junger Blattspinat, entstielt und abgetropft
6 große Eier
Salz und Pfeffer
3 EL frisch gehackte Kräuter, z. B. glatte Petersilie, Thymian und Koriander
2 EL frisch geriebener Parmesan, plus etwas mehr zum Garnieren
frische Petersilienstängel, zum Garnieren

1 Eine beschichtete Pfanne mit feuerfestem Griff bei mittlerer Hitze erwärmen. Öl zufügen und erhitzen. Frühlingszwiebeln zugeben und ca. 2 Minuten dünsten. Die nassen Spinatblätter in die Pfanne geben und so lange dünsten, bis sie weich sind.

2 Die Eier in einer großen Schüssel verquirlen und vorsichtig mit Salz und Pfeffer würzen. Mit einem durchbrochenen Pfannenwender Spinat und Zwiebeln aus der Pfanne heben und zu den Eiern geben. Die Kräuter unterrühren. Das Olivenöl aus der Pfanne in ein feuerfestes Kännchen gießen und die braunen Krusten vom Pfannenboden kratzen.

3 Die Pfanne erneut erhitzen. 2 Esslöffel Olivenöl zugeben. Die Ei-Spinat-Mischung in die Pfanne geben und zu einer glatten Schicht zusammendrücken. Ca. 6 Minuten braten, bis der Boden fest geworden ist, dabei gelegentlich die Pfanne schütteln.

4 Das Omelett mit Parmesan bestreuen. Die Pfanne unter den vorgeheizten Grill schieben und ca. 3 Minuten grillen, bis die Flüssigkeit verdampft und der Käse goldbraun ist.

5 Das Omelett vorsichtig auf einen Servierteller gleiten lassen und vor dem Schneiden mindestens 5 Minuten stehen lassen. Mit Parmesan und Petersilie garnieren und heiß, warm oder bei Zimmertemperatur servieren.

Piperade

Für 4–6 Personen

ZUTATEN

2 EL Olivenöl
1 große Zwiebel, fein gehackt
1 große rote Paprika, entstielt, entkernt und klein geschnitten
1 große gelbe Paprika, entstielt, entkernt und klein geschnitten
1 große grüne Paprika, entstielt, entkernt und klein geschnitten
8 große Eier
Salz und Pfeffer
2 Tomaten, entkernt und gehackt
2 EL frisch gehackte glatte Petersilie
4–6 dicke Scheiben Bauernbrot, geröstet, zum Servieren
frische glatte Petersilienstängel, zum Garnieren

1 Das Olivenöl in einer Pfanne bei mittlerer Hitze erwärmen. Zwiebel und Paprika zufügen, die Hitze reduzieren und langsam 15–20 Minuten dünsten, bis sie weich sind.

2 In der Zwischenzeit die Eier in eine Rührschüssel geben und zu einer glatten Masse verquirlen. Mit Salz und Pfeffer abschmecken. Beiseitestellen.

3 Wenn die Paprika weich sind, die Eier in die Pfanne geben und unter ständigem Rühren bei kleiner Flamme braten, bis sie zu stocken beginnen, aber noch cremig sind. Vom Herd nehmen.

4 Tomaten und Petersilie unterrühren. Noch einmal abschmecken. Das geröstete Brot auf einzelne Teller verteilen und die Eier mit dem Gemüse darüberlöffeln. Mit Petersilie garnieren und sofort servieren.

TIPP

Dieses Gericht wird gehaltvoller, wenn Sie es mit dick geschnittenem spanischem Serrano- oder italienischem Parmaschinken servieren. Der salzige Geschmack des Schinkens kontrastiert hervorragend zu der Süße der Paprika.

Zitronenrisotto

Für 4 Personen

ZUTATEN

2–3 Zitronen
2 EL Olivenöl
2 Schalotten, fein gehackt
300 g Risotto-Reis (Arborio)
125 ml trockener weißer Wermut

1 l Gemüsebrühe, kochend
1 EL frisch gehackte glatte Petersilie
2 EL Butter
frisch geriebener Parmesan und Avocadospalten, zum Servieren

GARNIERUNG:
Zitronenschale, in dünnen Streifen
frische Petersilienstängel

1 Die Schale von zwei Zitronen abreiben. Die Zitronen auf einem Brett fest hin- und herrollen, dann 100 ml Saft auspressen. Gegebenenfalls eine weitere Zitrone auspressen. Saft und Schale beiseitestellen.

2 Das Olivenöl in einer Pfanne erhitzen. Die Schalotten zufügen und unter Rühren 3 Minuten glasig dünsten. Den Reis zufügen und gut verrühren.

3 Den Wermut unterrühren und bis zum Verdampfen sprudelnd kochen. Die Hitze reduzieren. Zitronensaft und einen Schöpflöffel der Brühe zugießen. Gut vermischen und unter gelegentlichem Rühren leicht kochen, bis die Flüssigkeit absorbiert ist.

4 Einen weiteren Schöpflöffel der Brühe zugießen, vermischen und weiter leicht kochen, bis die Flüssigkeit absorbiert ist. Vorgang so lange wiederholen, bis die Brühe aufgebraucht und der Reis cremig ist. Einige Esslöffel Flüssigkeit dürfen auf der Oberfläche schwimmen.

5 Zitronenschale und Petersilie unterrühren. Die Butter zufügen, abdecken und vom Herd nehmen. 5 Minuten stehen lassen. Gut verrühren und mit Petersilie und Zitronenzesten garnieren. Mit Parmesan und Avocadospalten servieren.

Pissaladière

Für 6–8 Personen

ZUTATEN

ca. 6 EL Olivenöl
3 große Knoblauchzehen, zerdrückt
1 kg Zwiebeln, in dünnen Ringen
3–4 EL schwarze Tapenade (s. S. 16)
50 g eingelegte Sardellenfilets, abgetropft und längs halbiert
12 schwarze Oliven oder aromatisierte Oliven (s. S. 172)
frische glatte Petersilie, fein gehackt, zum Garnieren

BODEN:
175 g Mehl
1 Prise Salz
85 g Butter, in kleinen Stücken
2–3 EL eiskaltes Wasser

1 Für den Boden Mehl und Salz in einer Schüssel verrühren. Mit den Fingerspitzen die Butter einarbeiten, bis sich feine Krumen formen. 2 Esslöffel Wasser zufügen und vorsichtig zu einem Teig kneten. Falls nötig noch etwas Wasser zugießen. Nach dem Kneten zu einer Kugel formen, in Frischhaltefolie einwickeln und für mindestens 1 Stunde kalt stellen.

2 Das Öl in einer großen Pfanne mit fest schließendem Deckel erhitzen. Den Knoblauch zufügen und unter Rühren 2 Minuten braten. Die Zwiebeln sorgfältig einrühren. Die Hitze reduzieren.

3 Ein Stück Backpapier, das groß genug ist, um die Pfanne zu bedecken, in Wasser tauchen. Ausschütteln und auf die Zwiebeln drücken. Mit Deckel ca. 45 Minuten schmoren.

4 In der Zwischenzeit den Teig auf einer bemehlten Oberfläche ausrollen und den Boden einer Springform (20 cm Durchmesser) mit dem Teig ausschlagen. Überall einstechen, mit Backpapier bedecken und beschweren. 10 Minuten kalt stellen.

5 Den Teig bei 220 °C im vorgeheizten Backofen 15 Minuten backen. Dann das Backpapier abnehmen und weitere 5 Minuten backen. Den Ofen auf 180 °C herunterschalten.

6 Die Tapenade über den Boden streichen. Mit den Zwiebeln füllen. Die Sardellenfilets in einem Gittermuster darüberlegen und die Oliven verstreut eindrücken.

7 25–30 Minuten backen. 10 Minuten auskühlen lassen, dann aus der Springform lösen. Mit Petersilie bestreuen und servieren.

Spanakopittas

Für 4 Personen

ZUTATEN

2 EL Olivenöl
6 Frühlingszwiebeln, gehackt
250 g frischer junger Blattspinat, entstielt und abgetropft
60 g Langkornreis (kein Basmati), weich gegart, abgegossen
4 EL frisch gehackter Dill
4 EL frisch gehackte Petersilie
4 EL Pinienkerne
2 EL Rosinen
60 g Feta, eventuell abgetropft und gewürfelt
Pfeffer
1 Prise Cayennepfeffer (nach Geschmack)
40 Lagen Frühlingsrollenteig
250 g Butter, zerlassen

1 Das Öl in einer Pfanne erhitzen und die Zwiebeln 2 Minuten braten. Die nassen Spinatblätter zufügen. Mit einem Holzlöffel die überschüssige Feuchtigkeit aus dem Spinat drücken.

2 Reis, Kräuter, Pinienkerne, Rosinen und Feta einrühren. Ein Viertel der Muskatnuss darüberreiben und mit schwarzem und Cayennepfeffer abschmecken.

3 Die Teigblätter stapeln und 40 Quadrate (15 cm) ausschneiden. 8 Quadrate abnehmen und zu Kreisen mit 10 cm Durchmesser schneiden. Den nicht verwendeten Teig wieder einwickeln, Quadrate und Kreise mit einem feuchten Handtuch abdecken.

4 Eine Springform mit 10 cm Durchmesser mit Butter einfetten. Ein Blätterteigquadrat hineinlegen und mit Butter bestreichen. Vorgang mit 7 weiteren Quadraten wiederholen. Den Teig nicht in die Kanten drücken.

5 Ein Viertel der Füllung auf den Teig geben und die Oberfläche glätten. Einen Blätterteigkreis darüberlegen und mit Butter einpinseln. Die überhängenden Teigblätter oben zusammenfalten und mit Butter einpinseln. 3 weitere Pasteten herstellen.

6 Die Pasteten auf einem Backblech verteilen und im vorgeheizten Ofen bei 180 °C ca. 20–25 Minuten backen, bis sie goldbraun sind. 5 Minuten abkühlen lassen, dann aus der Form lösen.

2

3

4

Teigrollen mit Thunfisch & Tomaten

Ergibt 18 Rollen

ZUTATEN

18 Lagen Frühlingsrollenteig à 45 cm × 15 cm
Pflanzenöl, zum Ausbacken
Meersalz, zum Garnieren
Zitronenschnitze, zum Servieren

FÜLLUNG:
2 Eier, hart gekocht, geschält und gehackt
200 g eingelegter Thunfisch, abgetropft
1 EL frisch gehackter Dill
1 Tomate, gehäutet, entkernt und fein gehackt
¼ TL Cayennepfeffer
Salz und Pfeffer

1 Für die Füllung Eier, Thunfisch und Dill in einer Schüssel zu einer glatten Masse verrühren.

2 Die Tomate vorsichtig unterrühren. Mit Cayennepfeffer, Salz und Pfeffer abschmecken. Beiseitestellen.

3 Eine Teiglage auf der Arbeitsfläche ausbreiten und die restlichen Lagen mit einem feuchten Handtuch abdecken. Ungefähr 1 Esslöffel der Füllung etwa 1 cm vom oberen Rand des Teiges und 2,5 cm von den Seiten in einer Linie entlang der kurzen Seite auf dem Teig ausbreiten.

4 Die Füllung einmal fest einrollen, dann die Ränder an den langen Seiten bis zur Füllung einfalten. Bis zum Ende des Teiges weiterrollen. Das Ende mit etwas Öl bestreichen und festdrücken. Den Vorgang für 17 weitere Rollen wiederholen oder bis die Füllung aufgebraucht ist.

5 Eine Pfanne etwa 2,5 cm hoch mit Öl ausgießen und auf 180 °C erhitzen. Das Öl ist heiß genug, wenn ein Brotwürfel in 30 Sekunden braun wird. Jeweils 2–3 Rollen auf einmal ausbacken, bis sie überall goldbraun sind. Auf Küchenpapier gut abtropfen lassen und mit Meersalz bestreuen. Heiß oder zimmerwarm mit Zitronenschnitzen servieren.

Pizza Bianca mit Zucchini

Ergibt 2 Stück (à 23 cm Durchmesser)

ZUTATEN

400 g Mehl, plus etwas mehr zum Ausrollen und Bestäuben
1 Päckchen Trockenhefe
1 TL Salz
1 EL kaltgepresstes Olivenöl

BELAG:
2 Zucchini
300 g Mozzarella
1½–2 EL frisch gehackter oder ½ EL getrockneter Rosmarin

1 Für den Pizzaboden 225 ml Wasser auf dem Herd auf 52 °C erwärmen.

2 Mehl, Hefe und Salz verrühren und in die Mitte eine Vertiefung drücken. Einen Großteil des Wassers und das Olivenöl in die Vertiefung gießen und alles zu einem Teig kneten. Falls nötig das restliche Wasser zugießen.

3 Den Teig auf eine leicht bemehlte Oberfläche heben und 10 Minuten weich kneten. Die Schüssel auswaschen und leicht mit Öl auspinseln. Den Teig zu einer Kugel formen, in die Schüssel legen und abdecken. Gehen lassen, bis er das doppelte Volumen erreicht hat.

4 Den Teig auf einer bemehlten Oberfläche ein paar Minuten kneten, dann die Schüssel kopfüber darüberstellen und weitere 10 Minuten ruhen lassen.

5 In der Zwischenzeit die Zucchini mit einem Schälmesser in lange dünne Streifen schneiden. Mozzarella abtropfen und in kleine Würfel schneiden.

6 Den Teig halbieren und jede Hälfte zu einer Kugel formen. Eine Kugel abdecken, die andere zu einem flachen Kreis (Durchmesser 23 cm) ausrollen und auf ein bemehltes Backblech geben.

7 Die Hälfte des Mozzarellas, dann die Hälfte der Zucchinistreifen über dem Teig verteilen. Mit der Hälfte des Rosmarins bestreuen. Dies mit der zweiten Pizza wiederholen.

8 Im vorgeheizten Backofen bei 220 °C ca. 15 Minuten backen.

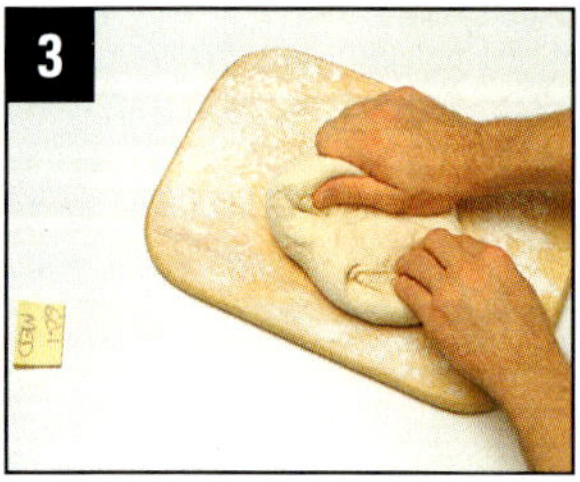

Pan Bagna

Für 4 Personen

ZUTATEN

40 cm langes, dickes Stangenbrot
kaltgepresstes Olivenöl
grüne oder schwarze Tapenade (s. S. 16, nach Geschmack)

FÜLLUNG:
2 Eier, hart gekocht
50 g eingelegte Sardellenfilets
85 g aromatisierte Oliven nach Wahl (s. S. 172)
Salat- oder Raukeblätter, gewaschen und trockengetupft
4 Tomaten, in Scheiben
200 g eingelegter Thunfisch, abgetropft und zerbröckelt

1 Für die Füllung die Eier schälen und in Scheiben schneiden. Die Sardellenfilets gut abtropfen und große längs halbieren.

2 Die Oliven entkernen und halbieren. Beiseitestellen.

3 Mit einem Brotmesser das Teebrot längs halbieren. Die Brothälften jeweils aushöhlen, dabei immer einen Rand von etwa 1 cm bis zur Rinde stehen lassen.

4 Beide Hälften innen großzügig mit Olivenöl bepinseln. Mit Tapenade bestreichen, wenn ein kräftiger Geschmack erwünscht ist. Die untere Brothälfte mit Salat- oder Raukeblättern auslegen.

5 Hart gekochte Eier, Tomatenscheiben, Sardellen und Thunfisch in Schichten auf der anderen Brothälfte auslegen. Zwischen die Schichten immer wieder Salatblätter legen. Die Füllung kann ruhig sehr dick werden.

6 Die Brothälften zuklappen und fest zusammendrücken. Fest mit Frischhaltefolie einwickeln und auf einer Platte in den Kühlschrank stellen. Beschweren und mehrere Stunden kalt stellen. Zum Servieren in 4 gleiche Portionen schneiden. Um das Brot zuzuhalten, kann es verschnürt werden.

Olivenkuchen

Ergibt 12–15 Stücke

ZUTATEN

Butter, zum Einfetten
250 g schwarze und/oder grüne Oliven, entkernt
300 g Mehl
3 TL Backpulver
4 große Eier
1 EL Zucker
Salz und Pfeffer
125 ml Milch
125 ml Olivenöl

1 Eine Springform (Durchmesser 20 cm) leicht mit Butter einfetten. Backpapier zurechtschneiden und den Boden auslegen. Die Oliven in eine Schüssel geben. Mehl und Backpulver verrühren und 2 Esslöffel zu den Oliven streuen.

2 Die Eier in einer Schüssel leicht schlagen. Den Zucker unterrühren und mit Salz und Pfeffer abschmecken. Milch und Olivenöl einrühren.

3 Das restliche Mehl und die bemehlten Oliven in die Schüssel geben und alles zu einem Teig rühren. Den Teig in die Springform füllen und die Oberfläche glätten.

4 Im vorgeheizten Backofen bei 200 °C ca. 45 Minuten backen. Die Temperatur auf 160 °C reduzieren und weitere 15 Minuten backen, bis der Kuchen steigt, goldbraun wird und sich von der Form löst.

5 Aus dem Ofen nehmen und in der Form 20 Minuten abkühlen lassen. Aus der Form nehmen, das Backpapier entfernen und vollständig auskühlen lassen. In einem luftdichten Behälter bleibt der Kuchen länger frisch.

TIPP

Servieren Sie den Kuchen mit schwarzer Tapenade (s. S. 16) oder als Teil einer Vorspeisenplatte mit einer Auswahl an gekochtem Fleisch.

Haupt-gerichte

Die scheinbar endlose Vielfalt an Fisch und Meeresfrüchten in den Gewässern des Mittelmeers bedeutet für die mediterranen Köche, dass sie die Speisen mit wirklich fangfrischen Zutaten zubereiten können. Köstliche Gerichte, die Fisch und Meeresfrüchte kombinieren, sind eine Spezialität. Ein herzhaftes mediterranes Aroma verspricht der gebratene Thunfisch mit Sardellen-Orangen-Butter oder die Seebarbe im Mantel mit Paprika & Fenchel. Nicht alle Rezepte sind so anspruchsvoll wie der mediterrane Seeteufel, bei dem der süßliche weiße Fisch mit Kirschtomaten und Pesto kombiniert wird.

Die Italiener lieben ihr zartes Kalbfleisch – Vitello Tonnato ist eine wunderbare Kombination aus Kalbfleisch und Thunfisch –, während die Griechen, Türken und Marokkaner viel Lammfleisch verarbeiten, meist mit Kräutern gegrillt.

Aus Schweinefleisch werden häufig herzhafte Gerichte zubereitet, indem die preiswertesten Fleischstücke in opulente Mahlzeiten verwandelt werden. Der südeuropäische Winter kann so kalt und ungemütlich sein, wie der Sommer heiß ist, so sind nahrhafte Eintöpfe ebenfalls gefragt.

Provenzalischer Schmortopf

Für 4 Personen

ZUTATEN

700 g mageres Gulaschfleisch vom Rind, in 5 cm große Würfel geschnitten
400 ml trockener Rotwein
2 EL Olivenöl
4 große Knoblauchzehen, zerdrückt
4 Schalotten, in dünnen Ringen
250 g luftgetrockneter Speck, in Scheiben
5–6 EL Mehl
250 g braune Champignons, in Scheiben
400 g gewürfelte Tomaten (Dose)
1 Bouquet garni aus 1 Lorbeerblatt, 2 Stängeln getrocknetem Thymian, 2 Stängeln frischer Petersilie, an ein kleines Stück Sellerie gebunden
5-cm-Streifen getrocknete Orangenschale (S. 176; nach Geschmack)
450 ml Rinderbrühe
50 g eingelegte Sardellenfilets
2 EL eingelegte Kapern, abgetropft
2 EL Rotweinessig
2 EL frisch gehackte Petersilie
Salz und Pfeffer

1 Fleisch, Wein, Olivenöl und die Hälfte des Knoblauchs in eine Schüssel geben. Abdecken und mindestens 4 Stunden marinieren, ab und zu umrühren.

2 In der Zwischenzeit den Speck in einen Topf mit Wasser geben, zum Kochen bringen und 10 Minuten leise kochen. Abtropfen.

3 4 Esslöffel Mehl und ca. 2 Esslöffel Wasser zu einem dicken Brei verrühren. Abdecken und beiseitestellen.

4 Das Fleisch herausheben und die Marinade aufbewahren. Das Fleisch trockentupfen. Restliches Mehl salzen und pfeffern und das Fleisch darin wenden.

5 Speck, Pilze und Tomaten in einem feuerfesten Schmortopf in Schichten auslegen, eine Schicht Fleisch auflegen. Vorgang wiederholen, bis alle Zutaten aufgebraucht sind. Das Bouquet garni und die Orangenschale dazwischenlegen.

6 Rinderbrühe und Marinade zugießen. Den Mehl-Wasser-Brei am Rand des Schmortopfes auftragen, den Deckel gut verschließen.

7 Im vorgeheizten Backofen bei 160 °C ca. 2½ Stunden schmoren. Die Sardellen abtropfen, mit Kapern und dem restlichen Knoblauch zerstampfen.

8 Den Topf aus dem Ofen nehmen, Deckel lösen und Sardellen, Essig und Petersilie einrühren und weitere 1–1½ Stunden schmoren.

5

7

Vitello Tonnato

Für 6–8 Personen

ZUTATEN

900 g Kalbfleisch vom Bein, ohne Knochen
Olivenöl
Salz und Pfeffer

THUNFISCH-MAYONNAISE:
150 g eingelegter Thunfisch
2 große Eier
ca. 3 EL Zitronensaft
Olivenöl

GARNIERUNG:
8 schwarze Oliven, entsteint und halbiert
1 EL eingelegte Kapern, ausgewaschen und abgetropft
frisch gehackte glatte Petersilie
Zitronenschnitze

1 Das Fleisch mit Öl und Pfeffer einreiben und auf ein Röstblech legen. Sehr mageres Fleisch mit Alufolie abdecken und im vorgeheizten Ofen bei 230 °C 10 Minuten braten. Die Hitze auf 180 °C reduzieren und für 1 (medium) bis 1¼ Stunden (durchgebraten) braten. Das Fleisch beiseitestellen und vollständig auskühlen lassen. Den Fleischsaft auffangen.

2 Inzwischen den Thunfisch abtropfen und das Öl aufbewahren. Die Eier in einer Küchenmaschine mit 1 Teelöffel Zitronensaft und einer Prise Salz mixen. Das Thunfischöl mit Olivenöl auf 300 ml auffüllen.

3 Nun sofort das Öl in einem dünnen Strahl zu den Eiern gießen, bis eine dünne Mayonnaise entsteht. Thunfisch zugeben und zu einem glatten Brei mixen. Mit Zitronensaft abschmecken. Gegebenenfalls nachwürzen.

4 Das kalte Fleisch in sehr dünne Scheiben schneiden. Den restlichen Zitronensaft zum Bratensaft geben und vorsichtig unter die Thunfisch-Mayonnaise rühren, bis eine dünnflüssige Konsistenz erreicht ist.

5 Das Fleisch mit der Mayonnaise auf einen Servierteller schichten und mit einer Schicht Mayonnaise enden. Abdecken und über Nacht kalt stellen. Mit Oliven, Kapern und Petersilie garnieren. Die Zitronenschnitze an den Rand legen und servieren.

Kalbskoteletts mit Salsa Verde

Für 4 Personen

ZUTATEN

4 Kalbskoteletts, z. B. von der Lende, à ca. 225 g und 2 cm dick
mit Knoblauch aromatisiertes Olivenöl, zum Bepinseln
Salz und Pfeffer
frisches Basilikum oder frischer Oregano, zum Garnieren

SALSA VERDE:
60 g frische glatte Petersilie
3 eingelegte Sardellenfilets, abgetropft
½ EL eingelegte Kapern, ausgewaschen und abgetropft
1 Schalotte, fein gehackt
1 Knoblauchzehe, halbiert, entkeimt und fein gehackt
1 EL Zitronensaft, oder mehr zum Abschmecken
6 große frische Basilikumblätter oder ¾ TL schockgefrosteter Basilikum
2 Stängel frischer Oregano oder ½ TL getrockneter
125 ml kaltgepresstes Olivenöl
Pfeffer

1 Für die Salsa Verde alle Zutaten bis auf das Olivenöl in einer Küchenmaschine mixen, bis eine glatte Masse entsteht.

2 Erst jetzt das Olivenöl zugießen und auf höchster Stufe mixen, bis die Masse eindickt. Mit Pfeffer abschmecken. In eine Schüssel füllen, abdecken und kalt stellen.

3 Die Kalbskoteletts mit dem aromatisierten Olivenöl einpinseln. Mit Salz und Pfeffer würzen. Unter dem vorgeheizten Grill für 3 Minuten grillen. Wenden, wieder mit Öl einpinseln und weitere 2 Minuten grillen. Mit einer Messerspitze testen, ob sie durch sind.

4 Die Koteletts mit ein wenig Salsa Verde auf 4 Teller verteilen. Mit Basilikum oder Oregano garnieren. Die restliche Salsa in eine Schüssel geben und dazureichen.

TIPP

Die Salsa Verde ist in einem geschlossenen Behälter bis zu 2 Tage im Kühlschrank haltbar. Sie schmeckt auch zu gegrillter Seebarbe. Auch kann sie anstelle der Pestosauce zum Seeteufel (s. S. 108) serviert werden.

NICHOLAS-JOHN
STAINLESS·ENGLAND

Ossobuco mit Zitrusschalen

Für 6 Personen

ZUTATEN

- 1–2 EL Mehl
- Salz und Pfeffer
- 6 fleischige Scheiben Ossobuco (Beinscheibe)
- 1 kg frische Tomaten, gehäutet, entkernt und in Scheiben, oder gewürfelte Tomaten (Dose)
- 1–2 EL Olivenöl
- 250 g Zwiebeln, sehr fein gehackt
- 250 g Karotten, in dünnen Scheiben
- 225 ml trockener Weißwein
- 225 ml Rinderbrühe
- 6 große Basilikumblätter, gezupft
- 1 große Knoblauchzehe, sehr fein gehackt
- abgeriebene Schale von 1 großen Zitrone
- abgeriebene Schale von 1 Orange
- 2 EL frisch gehackte glatte Petersilie

1 Das Mehl in einen Gefrierbeutel geben und mit Salz und Pfeffer würzen. Die Beinscheiben jeweils nacheinander zufügen, den Beutel verschließen und schütteln, bis sie überall mit Mehl bedeckt sind. Herausnehmen und überschüssiges Mehl abklopfen.

2 Dosentomaten, falls verwendet, in ein Sieb gießen und abtropfen lassen.

3 In einem Topf 1 Esslöffel des Öls erhitzen. Die Beinscheiben zufügen und von jeder Seite 10 Minuten braten, bis sie braun sind. Aus dem Topf nehmen.

4 Falls nötig erneut 1–2 Teelöffel Öl in den Topf geben. Zwiebeln zufügen und unter leichtem Rühren 5 Minuten schmoren. Die Karotten einrühren und weich dünsten.

5 Tomaten, Wein, Brühe, Basilikum und Beinscheiben in den Topf geben. Zum Kochen bringen, die Hitze reduzieren und 1 Stunde zugedeckt köcheln. Mit der Messerspitze testen, ob das Fleisch zart ist. Gegebenenfalls weitere 10 Minuten köcheln und erneut testen.

6 Wenn das Fleisch zart ist, mit Knoblauch, Zitronen- und Orangenschale bestreuen und weitere 10 Minuten kochen.

7 Abschmecken, mit Petersilie bestreuen und servieren.

Spanisches Hähnchen mit Knoblauch

Für 4 Personen

ZUTATEN

2–3 EL Mehl
Cayennepfeffer
Salz und Pfeffer
4 Hähnchenkeulen oder andere Teile, trockengetupft

ca. 4 EL Olivenöl
20 große Knoblauchzehen, halbiert und entkeimt
1 großes Lorbeerblatt

450 ml Hühnerbrühe
4 EL trockener Weißwein
frisch gehackte Petersilie, zum Garnieren

1 Etwa 2 Esslöffel Mehl in einen Gefrierbeutel füllen, mit Cayennepfeffer, Salz und Pfeffer würzen. Die Hähnchenteile einzeln in den Beutel geben und schütteln, bis sie mit Mehl bedeckt sind. Das überschüssige Mehl abschütteln. Mit allen Hähnchenteilen wiederholen, eventuell Mehl zugeben.

2 3 Esslöffel Olivenöl in einer großen Pfanne erhitzen. Knoblauch zufügen und unter Rühren 2 Minuten braten, um das Öl zu aromatisieren. Den Knoblauch mit einem Schaumlöffel herausheben und beiseitestellen.

3 Das Fleisch in die Pfanne geben und 5 Minuten braten, bis die Haut goldbraun wird. Wenden und weitere 5 Minuten braten – falls nötig noch 1–2 Esslöffel Öl zugeben.

4 Den Knoblauch wieder in die Pfanne geben. Lorbeerblatt, Hühnerbrühe und Wein zugeben. Die Hitze reduzieren, die Pfanne zudecken und 25 Minuten köcheln, bis das Hähnchen zart ist und die Knoblauchzehen sehr weich sind.

5 Das Fleisch mit einem durchbrochenen Pfannenwender herausnehmen und warm halten. Die Flüssigkeit mit dem Knoblauch zum Kochen bringen und kochen, bis sie auf 250 ml reduziert ist. Abschmecken.

6 Die Sauce über das Fleisch löffeln und den Knoblauch gleichmäßig verteilen. Mit Petersilie garnieren und servieren.

TIPP

Die gekochten Knoblauchzehen können auch zerstampft und über das Fleisch gestrichen werden.

Marokkanisches Hähnchen-Couscous

Für 4–6 Personen

ZUTATEN

ca. 3 EL Olivenöl
8 Hähnchenteile mit Knochen, z. B. Keulen oder Schenkel
2 große Zwiebeln, gehackt
2 große Knoblauchzehen, zerdrückt
2,5-cm-Stück frische Ingwerwurzel, geschält und fein gehackt
150 g getrocknete Kichererbsen, über Nacht eingeweicht und abgetropft
4 große Karotten, in dicken Stiften
½ TL Safran, in 2 EL kochendem Wasser aufgelöst
abgeriebene Schale von 2 Zitronen
2 rote Paprika, geputzt, entkernt und in Streifen geschnitten
2 große Zucchini, gewürfelt
2 Tomaten, gehäutet, entkernt und gehackt
100 g getrocknete Aprikosen, gehackt
½ TL gemahlener Kreuzkümmel
½ TL gemahlener Koriander
½ TL Cayennepfeffer, nach Geschmack mehr
Salz und Pfeffer
600 ml Wasser
15 g Butter
600 g Couscous
Harissa-Paste (nach Geschmack)

1 Das Öl in einem Topf erhitzen. Das Fleisch trockentupfen und zum Öl geben. 5 Minuten braten, bis es braun ist. Aus dem Topf nehmen und beiseitestellen.

2 Die Zwiebeln in den Topf geben und, falls nötig, etwas Öl zufügen. 5 Minuten dünsten, dann Knoblauch und Ingwer zufügen und 2 Minuten kochen.

3 Die Hähnchenteile wieder in den Topf legen. Kichererbsen, Karotten, Safran und Zitronenschale zufügen. Mit Wasser bedecken und zum Kochen bringen.

4 Die Hitze reduzieren, abdecken und 45 Minuten köcheln, bis die Kichererbsen weich sind. Paprika, Zucchini, Tomaten, Aprikosen, Kreuzkümmel, Koriander und Cayennepfeffer unterrühren und mit Salz und Pfeffer abschmecken. Erneut zudecken und weitere 15 Minuten leise kochen.

5 Inzwischen das Wasser zum Kochen bringen. ½ Teelöffel Salz und die Butter einrühren. Den Couscous einstreuen. Den Deckel auflegen, den Topf vom Herd nehmen und 10 Minuten ziehen lassen.

6 Den Couscous mit einer Gabel auflockern und auf Teller verteilen. Hähncheneintopf und Harissa-Paste, falls verwendet, getrennt servieren.

Provenzalisches Barbecue-Lamm

Für 4–6 Personen

ZUTATEN

- 1 Lammkeule, ca. 1,5 kg, ohne Knochen
- ca. 300 g schwarze Tapenade (s. S. 16)
- Olivenöl, zum Einpinseln
- frische Rosmarin- und Thymianstängel, zum Garnieren

MARINADE:

- 1 Flasche Rotwein
- 2 große Knoblauchzehen, gehackt
- 2 EL kaltgepresstes Olivenöl
- 1 Hand voll frische Rosmarinstängel
- frische Thymianstängel

1 Die Keule auf ein Küchenbrett legen. Das Messer flach halten und horizontal in die Tasche, die vom Knochen zurückgeblieben ist, einschneiden, jedoch nicht ganz durchschneiden, sodass die Keule flach aufgeklappt werden kann wie ein Buch.

2 Das Fleisch in eine metallfreie Schüssel legen und alle Zutaten für die Marinade zufügen. Mit Frischhaltefolie abdecken und für mindestens 6 Stunden, besser aber für 24 Stunden, marinieren, dabei das Fleisch mehrmals wenden.

3 Das Fleisch aus der Marinade nehmen und trockentupfen. Die Keule flach aufklappen und zwei oder drei lange Metallspieße durch das Fleisch stechen, damit es beim Braten flach bleibt. Die Tapenade von beiden Seiten über das Fleisch streichen.

4 Den Grillrost mit Öl bepinseln. Das Lamm etwa 5 cm über der heißen Kohle auflegen und 5 Minuten grillen. Wenden und weitere 5 Minuten grillen. Noch zweimal in 5-Minuten-Intervallen wenden, dabei erneut mit Tapenade bestreichen. Den Rost auf 15 cm anheben, wenn das Fleisch gebräunt ist – nach 20–25 Minuten sollte es rosa gebraten sein.

5 Die Keule vom Grill nehmen und 10 Minuten ruhen lassen. In dünne Scheiben schneiden, mit Rosmarin und Thymian garnieren und servieren.

Lamm auf Rosmarinspießen

Ergibt 4 Stück

ZUTATEN

500 g Lammkeule, ohne Knochen
4 lange, dünne frische Rosmarinstängel
1 oder 2 rote Paprika
12 große Knoblauchzehen, geschält
Olivenöl
Pilaw mit Safran (s. S. 196), zum Servieren

MARINADE:
2 EL Olivenöl
2 EL trockener Weißwein
½ TL gemahlener Kreuzkümmel
1 Stängel frischer Oregano, gehackt

1 Das Fleisch mindestens 4 Stunden vor der Zubereitung in 5 cm große Würfel schneiden. Alle Zutaten für die Marinade in einer Schüssel verrühren. Lammwürfel zufügen und einrühren. 4 bis 12 Stunden marinieren.

2 Den Rosmarin 1 Stunde vor dem Kochen in kaltes Wasser einlegen und einweichen.

3 Von den Paprika die Stiele abschneiden. Die Frucht halbieren, vierteln und Trennhäute und Samen entfernen. Die Viertel in 5 cm große Stücke schneiden.

4 In einem kleinen Topf Wasser zum Kochen bringen, Paprikastücke und Knoblauch darin 1 Minute blanchieren. Abgießen und unter kaltem Wasser abschrecken. Trockentupfen und beiseitestellen.

5 Den Rosmarin aus dem Wasser nehmen und trockentupfen. Um die Spieße herzustellen, die Nadeln auf den ersten 4 cm der Stängel entfernen. So entsteht ein Griff zum Wenden.

6 Abwechselnd Lamm, Knoblauch und Paprika auf die 4 Rosmarinspieße stecken. Ist das Fleisch nicht zart genug, um es aufzuspießen, mit einem Metallspieß ein Loch in die Mitte jedes Würfels stechen.

7 Den Grillrost leicht einölen und etwa 13 cm über der Kohle befestigen. Die Spieße auflegen und 10–12 Minuten grillen. Dabei immer wieder mit der Marinade oder mit Olivenöl bepinseln und wenden, bis Fleisch und Gemüse gar sind. Mit Pilaw servieren.

Lamm mit Orzo auf zypriotische Art

Für 6 Personen

ZUTATEN

- 2 große Knoblauchzehen
- 1 Lammschulter, ohne Knochen
- 800 g gewürfelte Tomaten (Dose)
- 4 frische Thymianstängel
- 4 frische Petersilienstängel
- 1 Lorbeerblatt
- 125 ml Wasser
- 250 g Orzo (s. Tipp)
- Salz und Pfeffer
- frische Thymianstängel, zum Garnieren

1 Die Knoblauchzehen halbieren, den grünen Keim entfernen und die Zehen in dünne Scheiben schneiden. Mit einem scharfen Messer auf der gesamten Lammschulter Schlitze einschneiden und mit dem Knoblauch spicken.

2 Die Tomaten mit Saft auf einem Backblech verteilen. Thymian, Petersilie und Lorbeerblatt zugeben. Das Fleisch darauflegen und mit Alufolie abdecken, die glänzende Seite kommt nach unten. Die Folie fest um die Ecken schließen, sodass während des Bratens kein Saft verloren geht.

3 Im vorgeheizten Backofen bei 160 °C ca. 3½–4 Stunden braten, bis das Fleisch zart ist und die Tomaten zu einer dicken Sauce reduziert sind.

4 Das Fleisch vom Blech nehmen und beiseitestellen. Mit einem Schaumlöffel so viel Fett von der Oberfläche der Sauce abnehmen wie möglich.

5 Wasser und Nudeln zu den Tomaten geben und gut verrühren. Wenn die Sauce zu dick scheint, noch etwas Wasser zufügen. Mit Salz und Pfeffer abschmecken. Das Fleisch zurück auf das Blech legen.

6 Das Backblech erneut abdecken und für 15 Minuten in den Ofen schieben, bis die Nudeln weich sind. Das Lorbeerblatt entfernen. Das Lamm 10 Minuten ruhen lassen, dann in Scheiben schneiden. Mit Nudeln und Tomatensauce servieren und mit frischen Thymianstängeln garnieren.

TIPP

Orzo ist eine Nudelsorte, deren Form an Weizenkörner erinnert.

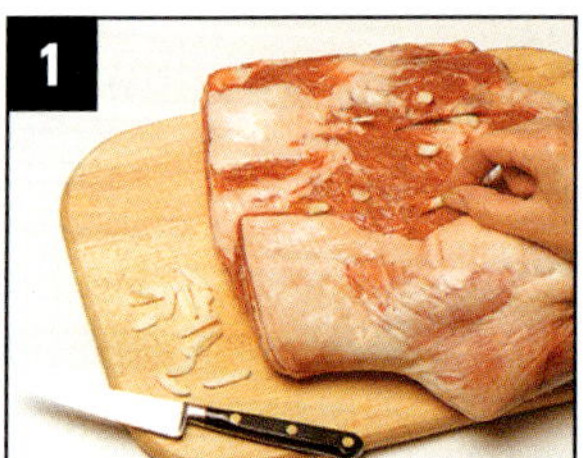

Schwein mit Bohnen auf baskische Art

Für 4–6 Personen

ZUTATEN

200 g getrocknete Cannellini-Bohnen, eingeweicht
Olivenöl
600 g Schweinshaxe, ohne Knochen, in 5 cm große Würfel geschnitten
1 große Zwiebel, in Ringen
3 große Knoblauchzehen, zerdrückt
400 g gewürfelte Tomaten (Dose)
2 grüne Paprika, geputzt, entkernt und in Scheiben geschnitten
abgeriebene Schale von 1 großen Orange
Salz und Pfeffer
frisch gehackte Petersilie, zum Garnieren

1 Die Bohnen abgießen, in einen großen Topf geben und mit frischem Wasser bedecken. Zum Kochen bringen und 10 Minuten sprudelnd kochen. Die Hitze reduzieren und 20 Minuten köcheln. Die Bohnen abgießen und beiseitestellen.

2 Den Boden einer Pfanne dünn mit Olivenöl ausgießen. Das Öl bei mittlerer Hitze erwärmen und das Fleisch portionsweise von allen Seiten anbraten und beiseitestellen.

3 Falls nötig noch etwas Olivenöl zufügen und die Zwiebel 3 Minuten darin dünsten. Knoblauch unterrühren und weitere 2 Minuten dünsten. Das Fleisch zurück in die Pfanne geben.

4 Die Tomaten zugießen und aufkochen. Die Hitze reduzieren, Paprika, Orangenschale und abgetropfte Bohnen zufügen, salzen und pfeffern.

5 Alles in eine Kasserolle umfüllen.

6 Die Kasserolle abdecken und im vorgeheizten Ofen bei 180 °C 45 Minuten schmoren, bis Bohnen und Fleisch schön zart sind. Mit Petersilie garnieren und servieren.

VARIATION

Sind Bohnen und Paprika übrig geblieben, können sie für eine Nudelsauce verwendet werden. Dafür einige Scheiben gebratene Chorizo zufügen.

Schwein mit Zwiebeln nach Bauernart

Für 4 Personen

ZUTATEN

2 große Eisbeine
2 große Knoblauchzehen, in Scheiben
3 EL Olivenöl
2 Karotten, fein gehackt
2 Selleriestangen, fein gehackt
1 große Zwiebel, fein gehackt
2 frische Thymianstängel, in Stücke gebrochen
2 frische Rosmarinstängel, in Stücke gebrochen
1 großes Lorbeerblatt
225 ml trockener Weißwein
225 ml Wasser
Pfeffer
20 Perlzwiebeln
frisch gehackte Petersilie, zum Servieren

1 Mit einem scharfen Messer Schlitze in das Fleisch schneiden und mit Knoblauch spicken.

2 1 Esslöffel Olivenöl in einer Kasserolle erwärmen. Karotten, Sellerie und Zwiebel zufügen und unter gelegentlichem Rühren 10 Minuten braten.

3 Die Eisbeine auf das Gemüse legen, Thymian und Rosmarin darüber verteilen. Lorbeerblatt, Wein und Wasser zufügen und mit Pfeffer abschmecken.

4 Aufkochen und vom Herd nehmen. Deckel fest auflegen und im vorgeheizten Ofen bei 160 °C 3½ Stunden schmoren, bis das Fleisch sehr zart ist.

5 In der Zwischenzeit die Zwiebel in eine Schüssel geben und mit kochendem Wasser übergießen. 1 Minute stehen lassen. Abgießen und die Schalen abziehen. Das restliche Öl in einer großen Pfanne erhitzen und die Zwiebel halb abgedeckt 15 Minuten bei schwacher Hitze dünsten. Dabei gelegentlich die Pfanne schütteln.

6 Wenn das Fleisch gar ist, die Zwiebel zufügen und weitere 15 Minuten schmoren. Fleisch und Zwiebel aus dem Topf heben und warm halten.

7 Mit einem Metalllöffel so viel Fett wie möglich von der Oberfläche der Kochflüssigkeit abschöpfen. Dann die Kochflüssigkeit in eine Schüssel sieben und das abgetropfte Gemüse aufbewahren. Abschmecken.

8 Das Fleisch von den Knochen lösen und auf einem Teller mit Zwiebel und Gemüse anrichten. Die Kochflüssigkeit zugießen und mit Petersilie garnieren.

Kaninchen mit Fenchel

Für 4 Personen

ZUTATEN

5 EL Olivenöl
2 große Fenchelknollen, geputzt und in Scheiben geschnitten
2 Karotten, gewürfelt
1 große Knoblauchzehe, zerdrückt
1 EL Fenchelsamen
ca. 4 EL Mehl
Salz und Pfeffer
2 Wildkaninchen, in Stücken
225 ml trockener Weißwein
225 ml Wasser
1 Bouquet garni aus 2 Stängeln frischer glatter Petersilie, 1 Stängel frischem Rosmarin, 1 Lorbeerblatt, festgebunden an einem 7,5-cm-Stück Sellerie
knuspriges Brot, zum Servieren

GARNIERUNG:
frische glatte Petersilie oder fein gehackter frischer Koriander
frische Rosmarinstängel

1 2 Esslöffel Olivenöl bei mittlerer Hitze in einem großen Topf erwärmen. Fenchel und Karotten zufügen und unter gelegentlichem Rühren 5 Minuten dünsten. Knoblauch und Fenchelsamen unterrühren und weitere 2 Minuten dünsten, bis der Fenchel weich wird. Fenchel und Karotten herausnehmen und beiseitestellen.

2 Das Mehl in einen Gefrierbeutel geben, salzen und pfeffern. Je 2 Fleischstücke hineingeben, verschließen und schütteln, bis das Fleisch mit Mehl bedeckt ist. Eventuell mehr Mehl zugeben.

3 Das restliche Öl in den Topf geben. Die Kaninchenstücke portionsweise jeweils 5 Minuten von allen Seiten goldbraun braten. Herausnehmen und beiseitestellen.

4 Den Wein zugießen und beim Umrühren alle Krusten vom Boden lösen. Fleisch und Gemüse wieder in den Topf geben, das Wasser zugießen. Das Kräutersträußchen zugeben und abschmecken.

5 Aufkochen, die Hitze reduzieren und dann mit Deckel ca. 1¼ Stunden leicht kochen, bis das Fleisch zart ist.

6 Das Bouquet garni entfernen. Mit Kräutern garnieren und aus dem Topf servieren. Viel Brot zum Tunken dazureichen.

Thunfisch in Essig

Für 4 Personen

ZUTATEN

4 große Thunfischsteaks à 225 g, ca. 2 cm dick
225 ml Olivenöl
2 große rote Zwiebeln, in dünnen Ringen
2 Karotten, in dünnen Scheiben
2 große Lorbeerblätter, in kleinen Stücken
1 Knoblauchzehe, fein gehackt
225 ml Weißweinessig oder Sherry-Essig
½ TL Chilipulver
Salz und Pfeffer
1 EL Koriandersamen, grob zerstoßen
fein gehackte frische Petersilie, zum Garnieren

1 Den Fisch waschen, mit Küchenpapier trockentupfen. 4 Esslöffel Öl in einer großen Pfanne erhitzen.

2 Die Steaks in die Pfanne geben und 2 Minuten bei mittlerer Hitze anbraten. Wenden und weitere 2 (medium) oder 4 Minuten (durchgebraten) braten. Die Steaks auf Küchenpapier abtropfen lassen und beiseitestellen.

3 Das restliche Öl in der Pfanne erhitzen. Zwiebeln zufügen und unter gelegentlichem Rühren 8 Minuten weich dünsten. Karotten, Lorbeerblätter, Knoblauch, Essig und Chilipulver zufügen, salzen und pfeffern. 10 Minuten kochen, bis die Karotten weich werden. Koriandersamen zufügen und noch 1 Minute kochen.

4 Von den abgekühlten Thunfischsteaks Haut und Gräten entfernen. Jedes Steak in 4 oder 5 Stücke teilen.

5 Die Fischstücke in eine metallfreie Schüssel geben und die heiße Gemüsemischung zugießen. Vorsichtig unterrühren.

6 Abkühlen lassen, abdecken und für mindestens 24 Stunden kalt stellen. Der Fisch ist im Kühlschrank bis zu 5 Tage haltbar. Mit Petersilie bestreuen und zimmerwarm servieren.

Gebratener Thunfisch mit Sardellen-Orangen-Butter

Für 4 Personen

ZUTATEN

Olivenöl
4 Thunfischsteaks à 225 g, ca. 2 cm dick
Salz und Pfeffer

SARDELLEN-ORANGEN-BUTTER:
8 eingelegte Sardellenfilets, abgetropft
1 EL fein geriebene Orangenschale
4 Frühlingszwiebeln, fein gehackt
115 g weiche Butter
¼ TL Zitronensaft
Pfeffer

GARNIERUNG:
frische glatte Petersilienstängel
Orangenschale, in Streifen

1 Für die Sardellen-Orangen-Butter die Sardellen sehr fein hacken, mit Orangenschale, Frühlingszwiebeln und Butter in eine Schüssel geben und zu einer glatten Masse verrühren. Mit Zitronensaft und Pfeffer würzen.

2 Die Masse auf ein Stück Pergamentpapier geben und zu einer Rolle formen. Die Papierenden zuklappen und für 15 Minuten ins Gefrierfach stellen, damit sie fest wird.

3 Für den Thunfisch eine geriffelte Pfanne stark erhitzen. Die Pfanne mit Öl einpinseln und die Steaks, falls nötig, portionsweise 2 Minuten braten. Wenden und weitere 2 (medium) bis 4 Minuten (durchgebraten) braten. Mit Salz und Pfeffer würzen.

4 Die Steaks auf vorgewärmte Teller geben und mit je 2 dünnen Scheiben der Sardellen-Orangen-Butter belegen. Mit Petersilie und Orangenschale garnieren und sofort servieren.

Mediterrane Fischsuppe

Für 4 Personen

ZUTATEN

1 kg gemischter Fisch, z. B. Barsch, Rochen, Schnapper oder jeder andere Mittelmeerfisch
2 EL Olivenöl
1 Fenchelknolle, geputzt und gehackt
2 Schalotten, gehackt
2 Knoblauchzehen, gehackt
600 g reife Tomaten, gehackt
1 Bouquet garni aus 2 Stängeln frischer glatter Petersilie, 2 Stängeln frischem Thymian und 1 Lorbeerblatt, festgebunden an einem 7,5-cm-Stück Sellerie
1 Msp. Safran
700 ml mediterrane Fischbrühe (s. S. 180) oder hochwertige fertige Fischbrühe
Salz und Pfeffer
französischer Pastis oder ein anderer Anislikör (nach Geschmack)

ZUM SERVIEREN:
Rouille (s. S. 186)
1 Baguette, in Scheiben und getoastet
125 g Gruyère, gerieben

1 Haut und Gräten vom Fisch entfernen und den Fisch in Stücke schneiden.

2 Das Öl erhitzen, den Fenchel zufügen und unter häufigem Rühren 5 Minuten dünsten. Schalotten und Knoblauch zugeben und weitere 5 Minuten dünsten.

3 Die Fischstücke unterrühren, Tomaten, Bouquet garni, Safran und Fischbrühe zufügen und mit Salz und Pfeffer abschmecken.

4 Unter gelegentlichem Rühren langsam zum Kochen bringen. Die Hitze reduzieren, den Topf halb abdecken und 30 Minuten leicht kochen, dabei gelegentlich umrühren.

5 Das Bouquet garni entfernen, die Suppe in einer Küchenmaschine mixen und durch eine Gemüsemühle in eine Schüssel passieren.

6 In den ausgespülten Topf zurückgießen und erhitzen, aber nicht mehr kochen. Nachwürzen und eventuell etwas Pastis zugießen.

7 Die Rouille auf die Baguettescheiben streichen und mit Käse bestreuen. Das Brot auf Teller verteilen und die Suppe darübergießen.

Meeresfrüchte-Eintopf

Für 4–6 Personen

ZUTATEN

225 g Venusmuscheln
700 g gemischter Fisch, z. B. Barsch, Rochen, Schnapper oder jeder andere Mittelmeerfisch
12–18 Garnelen
ca. 3 EL Olivenöl
1 große Zwiebel, fein gehackt
2 Knoblauchzehen, sehr fein gehackt
2 reife Tomaten, halbiert, entkernt und gehackt
700 ml mediterrane Fischbrühe (s. S. 180) oder hochwertige, fertige Fischbrühe, gekühlt
1 EL Tomatenmark
1 EL frische Thymianblätter
1 Msp. Safran
1 Prise Zucker
Salz und Pfeffer
fein gehackte frische Petersilie, zum Garnieren

1 Die Muscheln für 30 Minuten in einer Schüssel mit leicht gesalzenem Wasser einweichen. Abgießen und unter kaltem Wasser abbürsten. Zerbrochene und offene Muscheln, die sich nicht schließen, wenn man mit einem Messergriff daraufklopft, wegwerfen.

2 Den Fisch küchenfertig vorbereiten, Haut und Gräten entfernen und den Fisch in mundgerechte Stücke schneiden.

3 Die Köpfe der Garnelen abbrechen und das Fleisch von der Schale befreien. Mit einem kleinen Messer die Garnelen am Rücken aufschlitzen und die schwarze Vene entfernen. Fisch und Meeresfrüchte beiseitestellen.

4 Das Öl in einer Pfanne erhitzen. Die Zwiebel zufügen und 5 Minuten unter Rühren dünsten. Den Knoblauch zugeben und weitere 2 Minuten garen.

5 Tomaten, Brühe, Tomatenmark, Thymian, Safran und Zucker zugeben und alles unter Rühren aufkochen. Die Hitze reduzieren, abdecken und 15 Minuten leise kochen. Mit Salz und Pfeffer würzen.

6 Meeresfrüchte und Fisch in den Topf geben und mitkochen, bis sich die Muscheln öffnen und der Fisch zerfällt. Geschlossene Muscheln wegwerfen. Mit Petersilie garnieren und sofort servieren.

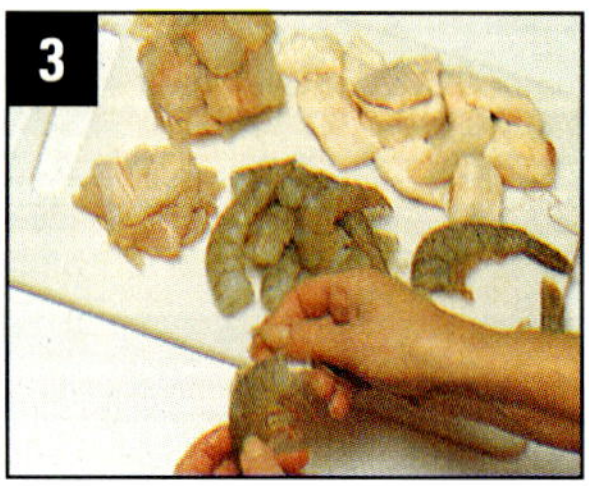

Gebackene Stockfischkugeln

Für 6 Personen

ZUTATEN

450 g Stockfisch
350 g mehlige Kartoffeln
Olivenöl zum Frittieren
1 Zwiebel, sehr fein gehackt
1 Knoblauchzehe, zerdrückt
4 EL frisch gehackte Petersilie oder frisch gehackter Koriander
1 EL eingelegte Kapern, abgetropft und fein gehackt
Salz und Pfeffer
1 kleines Ei, leicht verquirlt
frische glatte Petersilie, zum Garnieren
Aïoli (s. S. 184), zum Servieren

1 Den Stockfisch in Stücke brechen und in eine Schüssel geben. Mit Wasser bedecken und für 48 Stunden stehen lassen, das Wasser dabei viermal wechseln.

2 Den Fisch abtropfen lassen und in kochendem Wasser 20–25 Minuten garen. Abgießen, Haut und Gräten entfernen. Mit einer Gabel den Fisch in kleinste Stücke zerteilen.

3 In der Zwischenzeit die Kartoffeln mit Schale kochen. Abgießen, pellen und in einer großen Schüssel zerstampfen. Beiseitestellen.

4 Öl (1 Esslöffel) in einer Pfanne erhitzen. Zwiebel und Knoblauch zufügen und unter Rühren 2 Minuten dünsten, bis sie weich sind. Mit einem Schaumlöffel herausheben und auf Küchenpapier abtropfen lassen.

5 Fisch, Zwiebel und Knoblauch unter die Kartoffeln rühren. Petersilie oder Koriander und Kapern zufügen. Mit reichlich Pfeffer abschmecken.

6 Das Ei unterrühren, alles abdecken und für 30 Minuten kalt stellen. Noch einmal abschmecken.

7 Eine Bratpfanne 5 cm hoch mit Öl ausgießen und erhitzen. Das Öl ist heiß genug, wenn ein Brotwürfel in 30 Sekunden braun wird. Die Fischmischung esslöffelweise in das heiße Öl geben und 8 Minuten braten, bis die Kugeln goldbraun sind. Nicht mehr als 6 Kugeln auf einmal frittieren, sonst wird das Öl zu kalt. Es sollten 18–20 Kugeln werden.

8 Die Kugeln auf Küchenpapier abtropfen lassen. Mit Petersilie garnieren und sofort mit Aïoli servieren.

Garnelenspieße mit Tomatensalsa

Ergibt 8 Spieße

ZUTATEN

32 große Garnelen
Olivenöl, zum Einpinseln
Skorthalia (s. S. 188) oder Aïoli (s. S. 184), zum Servieren

MARINADE:
125 ml kaltgepresstes Olivenöl
2 EL Zitronensaft
1 TL frisch gehackte Chilischote
1 TL Balsamico-Essig
Pfeffer

TOMATENSALSA:
2 große reife Tomaten
4 Frühlingszwiebeln (nur das Weiße), sehr fein gehackt
1 rote Paprika, gehäutet, entkernt und gehackt
1 orangefarbene oder gelbe Paprika, gehäutet, entkernt und gehackt
1 EL kaltgepresstes Olivenöl
2 TL Balsamico-Essig
Salz und Pfeffer
4 frische Basilikumstängel

1 Für die Marinade alle Zutaten in eine metallfreie Schüssel geben, verrühren und beiseitestellen.

2 Die Köpfe der Garnelen abbrechen, die Schalen entfernen, die Schwänze ganz lassen. Mit einem Messer die Garnelen aufschlitzen und die schwarze Vene entfernen. Die Garnelen in die Marinade geben und gut unterrühren. Abdecken und für 15 Minuten in den Kühlschrank stellen.

3 Für die Salsa die Tomaten häuten, entkernen und hacken. Zusammen mit allen Zutaten, bis auf das Basilikum, in einer Schüssel verrühren. Mit Salz und Pfeffer abschmecken.

4 Jeweils 4 Garnelen auf einen Metallspieß stecken. Mit der Marinade einpinseln.

5 Ein Backblech mit Öl einpinseln. Die Spieße hineinlegen und unter dem vorgeheizten Grill (7,5 cm Abstand) 1 Minute grillen. Die Spieße wenden, erneut einpinseln und weitere 1–1½ Minuten grillen, bis sie rosafarben und milchig werden.

6 Die Basilikumblätter zupfen und mit der Salsa verrühren. Die Spieße auf Tellern anrichten und mit der Salsa servieren. Skorthalia oder Aïoli als Dip dazureichen.

Malteser Schwertfisch

Für 4 Personen

ZUTATEN

1 EL Fenchelsamen
2 EL kaltgepresstes Olivenöl, plus etwas zum Einpinseln und Besprenkeln
2 große Zwiebeln, in dünnen Ringen
1 kleine Knoblauchzehe, zerdrückt
4 Schwertfischsteaks à 175 g
1 große Zitrone, halbiert
2 große reife Tomaten, fein gehackt
4 frische Thymianstängel
Salz und Pfeffer

1 Die Fenchelsamen in einer trockenen Pfanne bei mittlerer Hitze unter Rühren rösten, bis sie zu duften beginnen. Sie dürfen nicht anbrennen. Rasch aus der Pfanne nehmen und auf einen Teller legen. Beiseitestellen.

2 Das Olivenöl in einer Pfanne erhitzen. Die Zwiebeln zugeben und unter gelegentlichem Rühren 5 Minuten dünsten. Den Knoblauch zufügen und weiter garen, bis die Zwiebeln sehr weich sind, aber noch nicht zu bräunen beginnen. Vom Herd nehmen.

3 Aus Backpapier 4 Kreise mit einem Durchmesser von 30 cm schneiden. Jeden Papierkreis in der Mitte mit Olivenöl einpinseln. Die Zwiebeln gleichmäßig auf die Kreise verteilen und so auslegen, dass sie eine Fläche von der Größe der Fischsteaks bedecken.

4 Die Steaks über die Zwiebelmasse legen. Die Zitrone über den Steaks ausdrücken und etwas Olivenöl darübersprenkeln. Die Tomaten darauf verteilen, je 1 Thymianstängel auflegen, salzen und pfeffern.

5 Die Papierkreise gut verschließen, sodass beim Kochen kein Saft austreten kann. Auf ein Backblech legen und 20 Minuten im vorgeheizten Backofen bei 200 °C backen.

6 Um zu testen, ob der Fisch fertig ist, ein Paket öffnen und das Fleisch mit einem Messer zerteilen. Es muss ganz leicht zerfallen. In den Papierkreisen servieren.

Mediterraner Seeteufel

Für 4 Personen

ZUTATEN

600 g reife Kirschtomaten, wenn möglich gelbe und rote
2 Seeteufelfilets à 350 g
8 EL Pestosauce (s. S. 124)
Salz und Pfeffer
frische Basilikumstängel, zum Garnieren
neue Kartoffeln, gekocht, als Beilage

1 Die Tomaten halbieren und nebeneinander mit der Schnittseite nach oben in eine Auflaufform legen. Beiseitestellen.

2 Mit den Fingern die dünne graue Haut von den Fischfilets entfernen.

3 Lässt sich die Haut nicht abreiben, den Fisch mit der Haut nach unten auf ein Küchenbrett legen. Den Fisch mit einem Sägemesser von der Haut lösen. Das Messer dabei ganz flach halten. Die Filets abwaschen und mit Küchenpapier trockentupfen.

4 Die Filets auf die Tomaten legen und das dünne Ende – falls nötig – nach unten einschlagen (s. Tipp). 4 Esslöffel Pestosauce über jedes Filet streichen und mit Salz und Pfeffer würzen.

5 Die Auflaufform fest mit Alufolie abdecken, die glänzende Seite nach unten. Den Fisch im vorgeheizten Backofen bei 230 °C etwa 16–18 Minuten backen, bis er gar ist und leicht zerfällt und die Tomaten zu einer dicken Sauce geworden sind.

6 Eventuell noch einmal abschmecken. Mit Basilikumstängeln garnieren und sofort mit neuen Kartoffeln servieren.

TIPP

Seeteufelfilets werden meist vom Schwanz aus geschnitten, daher sind sie an einem Ende häufig zu dünn und verbrennen leicht. Wenn die Filets nicht gleichmäßig dick sind, sollte das schmale Ende untergeschlagen werden.

Seebarbe im Mantel mit Paprika & Fenchel

Für 4 Personen

ZUTATEN

3 EL Olivenöl, plus etwas mehr zum Einreiben
3 große rote Paprika, geputzt, entkernt und in dünne Streifen geschnitten
2 große Fenchelknollen, geputzt und in Streifen geschnitten
1 große Knoblauchzehe, zerdrückt
8 frische Thymianstängel, plus etwas mehr zum Garnieren
20–24 eingelegte Weinblätter
1 Zitrone
4 Seebarben à 225 g, geschuppt und ausgenommen
Salz und Pfeffer

1 Das Öl in einer großen Pfanne bei mittlerer Hitze erwärmen. Paprika, Fenchel, Knoblauch und 4 Thymianstängel einrühren und 20 Minuten unter gelegentlichem Rühren kochen, bis das Gemüse sehr weich, aber nicht gebräunt ist.

2 Inzwischen die Weinblätter waschen und mit Küchenpapier trockentupfen. 4 dünne Scheiben von der Zitrone schneiden und jede Scheibe halbieren. Die Rinde der restlichen Zitrone fein abreiben.

3 Die Fische mit den Zitronenscheiben und den restlichen Thymianstängeln füllen. Die Zitronenrinde über die Fische streuen und nach Geschmack mit Salz und Pfeffer würzen.

4 Je nach Größe der Barbe den Fisch mit 5 oder 6 Weinblättern vollständig einwickeln und auf das Gemüse legen. Bei mittlerer Hitze und mit geschlossenem Deckel 12–15 Minuten kochen, bis der Fisch gar ist. Mit einem Messer testen, ob er leicht zerfällt.

5 Den Fisch auf Teller verteilen und das Gemüse daneben anrichten. Mit Thymianstängeln garnieren und servieren.

Moules Marinières

Für 4 Personen

ZUTATEN

2 kg lebende Miesmuscheln
4 EL Olivenöl
4–6 große Knoblauchzehen, halbiert
800 g gewürfelte Tomaten (Dose)
300 ml trockener Weißwein
3 EL frisch gehackte glatte Petersilie, plus etwas mehr zum Garnieren
1 EL frisch gehackter Oregano
Salz und Pfeffer
Baguette, zum Servieren

1 Die Muscheln für 30 Minuten in einer Schüssel mit leicht gesalzenem Wasser stehen lassen. Unter kaltem Wasser abwaschen und leicht abbürsten, um den Sand von den Schalen zu entfernen. Mit einem kleinen, scharfen Messer die „Bärte" von den Schalen schneiden.

2 Zerbrochene oder offene Muscheln, die sich nicht schließen, wenn man mit dem Griff des Messers auf die Schale klopft, wegwerfen, da dies bedeutet, dass sie tot sind und zu einer Lebensmittelvergiftung führen könnten. Die Muscheln erneut abwaschen und in einem Sieb beiseitestellen.

3 Das Olivenöl bei mittlerer Hitze erwärmen. Den Knoblauch zufügen und unter Rühren 3 Minuten dünsten, um das Öl zu aromatisieren. Mit einem Schaumlöffel den Knoblauch aus der Pfanne heben.

4 Tomaten mit Saft, Wein, Petersilie und Oregano in einem Topf unter Rühren zum Kochen bringen. Die Hitze reduzieren, den Topf abdecken und 5 Minuten leicht kochen, damit die Aromen sich entfalten.

5 Die Muscheln zufügen und 5–8 Minuten leise kochen, bis sie geöffnet sind. Den Topf dabei ab und zu schütteln. Mit einem Schaumlöffel die Muscheln in eine Schüssel heben, geschlossene Muscheln wegwerfen.

6 Die Sauce mit Salz und Pfeffer abschmecken, über die Muscheln gießen und mit Petersilie bestreuen. Mit reichlich Baguette zum Tunken der Sauce servieren.

Kammmuscheln in Champagner-Safran-Sauce

Für 4 Personen

ZUTATEN

1 große Msp. Safran
60 g Butter
20 große Kammmuscheln, geschält, Saft auffangen
4 EL trockener Champagner oder Sekt
300 ml Crème double
½ Zitrone
Salz und Pfeffer
frische glatte Petersilienstängel, zum Garnieren

1 Eine große beschichtete Pfanne erhitzen. Den Safran darin rösten, bis er zu duften beginnt. Sofort auf einen Teller geben und beiseitestellen.

2 Die Hälfte der Butter in der Pfanne zerlassen. Die Hälfte der Kammmuscheln zugeben und 2 Minuten braten. Wenden und weitere 1½–2 Minuten braten, bis die Muscheln gar sind. Eine Muschel zum Testen durchschneiden, sie muss ganz weiß sein (s. Tipp).

3 Die Muscheln auf einen Teller geben und warm halten. Die restlichen Muscheln in derselben Weise braten und eventuell noch etwas Butter zugeben.

4 Den Safran zur Kochflüssigkeit geben. Champagner, Crème double und den aufgefangenen Muschelsaft einrühren. Aufkochen, Hitze leicht reduzieren und etwa 10 Minuten kochen, bis die Flüssigkeit so reduziert ist, dass sie an einem Löffelrücken haften bleibt.

5 Mit frisch gepresstem Zitronensaft, Salz und Pfeffer abschmecken. Die Muscheln wieder in die Pfanne geben und unter Rühren durchwärmen. Auf Teller verteilen und mit Petersilie garnieren.

TIPP

Dünnere Muscheln nur 1½ Minuten kochen. Sie dürfen nicht zu lange kochen.

Tintenfischsalat

Für 4–6 Personen

ZUTATEN

900 g kleine Tintenfische
125 ml Zitronensaft
50 ml kaltgepresstes Olivenöl
25 g frische glatte Petersilie
8 Frühlingszwiebeln
4 reife Tomaten, entkernt und gehackt
Salz und Pfeffer

GARNIERUNG:
Radicchioblätter
rote Chilischoten, fein gehackt (nach Geschmack)
Kapern oder schwarze Oliven (nach Geschmack)
frische glatte Petersilie, fein gehackt

1 Kopf und Innereien der Tintenfische aus dem Körperbeutel ziehen. Den Körper von den Fangarmen schneiden.

2 Den dünnen, durchsichtigen Stachel aus dem Körperbeutel entfernen. Den Körperbeutel unter kaltem Wasser abwaschen und die dünne graue Haut mit den Fingern abziehen. Den Fisch danach in 1 cm dünne Scheiben schneiden. Die Fangarme abwaschen und mit den Scheiben beiseitestellen.

3 Zitronensaft und Olivenöl in einer großen Schüssel verrühren. Die Petersilie sehr fein hacken und zufügen. Das Weiße der Frühlingszwiebeln ebenfalls sehr fein hacken und mit den Tomaten in die Schüssel geben. Mit Salz und Pfeffer abschmecken.

4 Leicht gesalzenes Wasser in einem Topf zum Kochen bringen. Den Tintenfisch zufügen und aufkochen.

5 Sobald das Wasser kocht, den Tintenfisch abgießen, zum Dressing geben und alles gut verrühren.

6 Den Tintenfisch vollständig auskühlen lassen, abdecken und im Kühlschrank für mindestens 6 Stunden (besser über Nacht) ziehen lassen.

7 Eine Servierschüssel mit Radicchioblättern auslegen. Chili, Kapern oder Oliven darauf verteilen. Tintenfischsalat über die Radicchioblätter legen und mit Petersilie bestreuen. Gut gekühlt servieren.

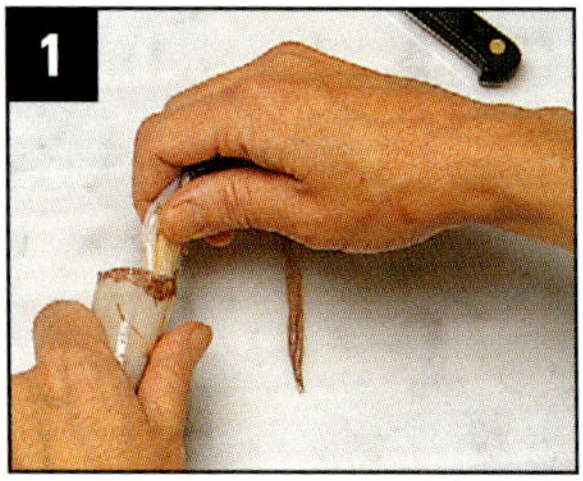

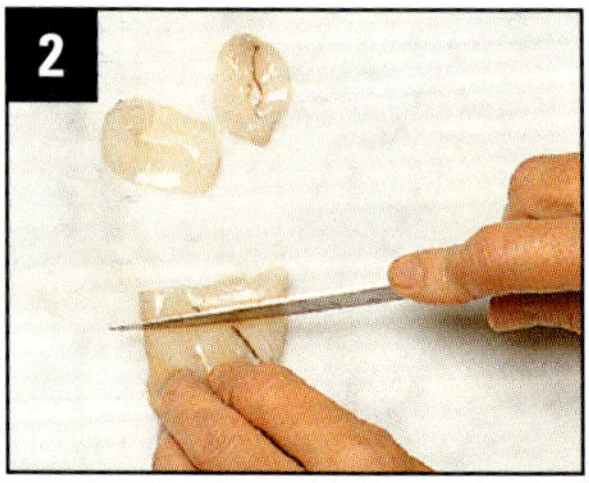

Salade Niçoise

Für 4–6 Personen

ZUTATEN

3 große Eier
250 g grüne Bohnen, die Enden abgeknipst
250 g kleine, weich kochende Kartoffeln
1 große reife Tomate
1 großes Thunfischsteak, ca. 350 g und 2 cm dick, gebraten (s. S. 96)

60 g provenzalische Oliven (s. S. 172) oder ganze schwarze Oliven
50 g eingelegte Sardellen, abgetropft
1 EL frisch gehackte glatte Petersilie

KNOBLAUCH-VINAIGRETTE:
100 ml kaltgepresstes Olivenöl
3 EL Rot- oder Weißweinessig
½ TL Zucker
½ TL Dijonsenf
2 Knoblauchzehen, zerdrückt
Salz und Pfeffer

1 Für die Vinaigrette alle Zutaten in ein Schraubglas füllen, verschließen und kräftig schütteln. Mit Salz und Pfeffer abschmecken und beiseitestellen.

2 Wasser in 3 Töpfen zum Kochen bringen. Die Eier in einen Topf geben, aufkochen und 12 Minuten kochen. Sofort abgießen und unter kaltem Wasser abschrecken.

3 Bohnen und Kartoffeln halbieren und getrennt in die beiden anderen Töpfe geben. Die Bohnen 3 Minuten blanchieren, abgießen und sofort in eine große Schüssel geben. Das Dressing noch einmal durchschütteln und über die Bohnen gießen.

4 Die Kartoffeln weich kochen, abgießen und noch heiß zu der Bohnen-Dressing-Mischung geben. Bohnen und Kartoffeln im Dressing abkühlen lassen.

5 Die Tomate achteln und unterrühren. Den Thunfisch in mundgerechte Stücke schneiden, ebenfalls in die Schüssel geben und vorsichtig unterrühren.

6 Die Eier schälen und längs vierteln.

7 Den gemischten Salat auf einem großen Teller anrichten. Die Eiviertel gleichmäßig am Rand verteilen. Die Oliven über dem Salat verteilen und die Sardellen gitterförmig auflegen. Abdecken und kalt stellen.

8 15 Minuten vor dem Servieren aus dem Kühlschrank nehmen, auf Teller verteilen und mit Petersilie garnieren.

Hummersalat

Für 2 Personen

ZUTATEN

2 rohe Hummerschwänze

ZITRONEN-DILL-MAYONNAISE:
1 große Zitrone
1 großes Eidotter
½ TL Dijonsenf
150 ml Olivenöl
Salz und Pfeffer
1 EL frisch gehackter Dill

GARNIERUNG:
Radicchioblätter
Zitronenschnitze
frische Dillstängel

1 Für die Zitronen-Dill-Mayonnaise die Schale von der Zitrone abreiben und den Saft auspressen. Das Eidotter in einer kleinen Schüssel mit Senf und 1 Teelöffel Zitronensaft verrühren.

2 Mit dem Mixer oder Schneebesen schlagen und das Olivenöl tropfenweise zugießen, bis eine dickflüssige Mayonnaise entsteht. Die Hälfte der Zitronenschale und 1 Esslöffel Saft unterrühren.

3 Mit Salz, Pfeffer und eventuell etwas mehr Zitronensaft abschmecken. Den Dill einrühren, mit Frischhaltefolie abdecken und kalt stellen.

4 Salzwasser in einem großen Topf zum Kochen bringen. Die Hummerschwänze zugeben und 6 Minuten kochen, bis das Fleisch weiß und die Schalen rot werden. Sofort abgießen und vollständig auskühlen lassen.

5 Das Hummerfleisch von den Schalen lösen und in mundgerechte Stücke schneiden.

6 Die Teller mit Radicchioblättern auslegen und den Hummer darauf verteilen. Je 1 Esslöffel Zitronen-Dill-Mayonnaise an den Rand geben. Mit Zitronenschnitzen und Dillstängeln garnieren und servieren.

Nudeln mit Brokkoli & Sardellen

Für 4 Personen

ZUTATEN

- 500 g Brokkoli
- 400 g Orecchiette (Pasta)
- 5 EL Olivenöl
- 2 große Knoblauchzehen, zerdrückt
- 50 g eingelegte Sardellenfilets, abgetropft und fein gehackt
- 60 g Parmesan
- 60 g Pecorino
- Salz und Pfeffer

1 Salzwasser in 2 Töpfen zum Kochen bringen. Brokkoliröschen und -stiele in kleine mundgerechte Stücke schneiden. Das Gemüse in einen Topf geben und kochen, bis es sehr weich ist. Abgießen und beiseitestellen.

2 Die Nudeln in den anderen Topf geben und nach Packungsanweisung bissfest garen.

3 In der Zwischenzeit das Öl in einer großen Pfanne bei mittlerer Hitze erwärmen. Den Knoblauch zufügen und unter Rühren 3 Minuten dünsten, ohne ihn zu bräunen. Die Sardellen zufügen und weitere 3 Minuten garen. Die Filets dabei mit einem Holzlöffel weiter zerdrücken. Parmesan und Pecorino reiben.

4 Die Nudeln abgießen und zu den Sardellen geben. Den Brokkoli zufügen und alles gut vermischen.

5 Parmesan und Pecorino zufügen und bei mittlerer Hitze unter ständigem Rühren allmählich schmelzen lassen.

6 Noch einmal abschmecken – Sardellen und Käse sind sehr salzig, eventuell Pfeffer zugeben. In Schalen oder Teller füllen und sofort servieren.

VARIATION

In Schritt 3 können Sie dem Knoblauch auch Chilipulver zufügen. Statt mit Orecchiette können Sie das Gericht auch mit Muschelnudeln zubereiten.

Linguine al Pesto

Für 4 Personen; ergibt ca. 300 ml Sauce

ZUTATEN

400 g Linguine (Pasta)
frisch geriebener Parmesan, zum Servieren (nach Geschmack)

PESTOSAUCE:
150 g Parmesan
3 Knoblauchzehen, plus etwas mehr zum Abschmecken
150 g frische Basilikumblätter
5 EL Pinienkerne
150 ml kaltgepresstes Olivenöl
Salz und Pfeffer

1 Für die Pestosauce den Parmesan reiben und beiseitestellen. Die Knoblauchzehen längs halbieren und mit der Spitze eines Messers den grünen Keim entfernen, der bei alten Zehen bitter schmecken kann. Den Knoblauch grob hacken.

2 Das Basilikum waschen und mit Küchenpapier trockentupfen. In eine Küchenmaschine geben, Pinienkerne, Parmesan, Knoblauch und Öl zufügen und ca. 30 Sekunden zu einer glatten Masse mixen.

3 Mit Pfeffer und etwas Salz abschmecken (der Käse ist schon salzig). Mit Frischhaltefolie abdecken und für 5 Tage kalt stellen.

4 In einem großen Topf Wasser zum Kochen bringen, ½ Teelöffel Salz zufügen und die Linguine nach Packungsanweisung bissfest garen. Die Nudeln abgießen, dabei einige Esslöffel Kochwasser auffangen.

5 Die Nudeln wieder in den Topf geben und bei niedriger Hitze die Sauce unterrühren. So lange rühren, bis alle Nudeln von der warmen Sauce bedeckt sind. Erscheint die Sauce zu dick, 2 Esslöffel Kochwasser zugießen. Sofort mit frisch geriebenem Parmesan bestreuen und servieren.

VARIATION

Anstelle der Pinienkerne können Sie auch blanchierte Mandeln verwenden. Für einen cremigen Dip 4 Esslöffel Pestosauce mit 4 Esslöffeln Naturjoghurt verrühren und zu Zucchini- und Paprikastreifen servieren.

1

2

5

Spaghetti mit Venusmuscheln

Für 4 Personen

ZUTATEN

400 g Spaghetti (auch frische)
Salz und Pfeffer

MUSCHELSAUCE:
900 g Venusmuscheln mit Schale
4 EL Olivenöl
3 große Knoblauchzehen, zerdrückt
1 Prise Chilipulver (nach Geschmack)
900 g Tomaten, gehäutet, entkernt und gehackt, Saft auffangen
60 g aromatisierte Oliven (s. S. 172) nach Wahl oder ganze grüne oder schwarze Oliven, entkernt und gehackt
1 EL frisch gehackter oder ½ TL getrockneter Oregano

1 Die Muscheln in einer Schüssel mit leicht gesalzenem Wasser 30 Minuten stehen lassen. Unter kaltem Wasser abspülen und leicht abbürsten, um den Sand von den Schalen zu entfernen.

2 Zerbrochene oder offene Muscheln, die sich nicht schließen, wenn man mit dem Griff eines Messers auf die Schale klopft, wegwerfen, da sie tot sind und zu einer Lebensmittelvergiftung führen könnten. Die Muscheln in einer Schüssel mit Wasser bedecken und stehen lassen. In einem großen Topf Salzwasser für die Nudeln zum Kochen bringen.

3 Das Öl erhitzen. Knoblauch und eventuell Chilipulver zufügen und ca. 2 Minuten dünsten.

4 Tomaten, Oliven und Oregano einrühren. Die Hitze reduzieren und unter häufigem Rühren köcheln, bis die Tomaten weich sind und zu zerfallen beginnen. Abdecken und 10 Minuten leise kochen.

5 Inzwischen die Spaghetti im Salzwasser nach Packungsanweisung bissfest garen. Abgießen und etwa 125 ml Kochwasser auffangen.

6 Muscheln und Kochwasser unter die Sauce rühren und unter Rühren aufkochen. Muscheln, die sich nicht geöffnet haben, wegwerfen und die Sauce in einen größeren Topf gießen.

7 Spaghetti zufügen und so lange rühren, bis alle Nudeln gut mit Sauce bedeckt sind. Auf Teller verteilen und sofort servieren.

Nudeln mit Thunfisch & Zitrone

Für 4 Personen

ZUTATEN

60 g Butter, gewürfelt
300 ml Crème double
4 EL Zitronensaft
1 EL abgeriebene Zitronenschale

½ TL Sardellenpaste
400 g Fusilli
200 g eingelegter Thunfisch, abgetropft und zerbröckelt
Salz und Pfeffer

GARNIERUNG:
2 EL frisch gehackte Petersilie
Zitronenzesten, gerieben

1 Salzwasser in einem großen Topf aufkochen. Die Butter in einer großen Pfanne zerlassen. Crème double und Zitronensaft einrühren und unter Rühren 2 Minuten köcheln, bis die Sauce etwas eingedickt ist.

2 Zitronenschale und Sardellenpaste zufügen. Inzwischen die Nudeln nach Packungsanweisung bissfest garen und abgießen.

3 Die Sauce über die Nudeln gießen und gut verrühren. Den Thunfisch vorsichtig unterheben.

4 Mit Salz und Pfeffer abschmecken. Auf einen Servierteller füllen, mit Petersilie und Zitronenzesten garnieren. Etwas Pfeffer darübermahlen und sofort servieren.

TIPP

Alternativ können Sie auch andere dünne Nudelformen testen.

VARIATION

Für die vegetarische Version den Thunfisch durch 150 g entkernte Oliven ersetzen und die Sardellenpaste durch Chilipulver.

Gemüse & Salate

Die frischen Produkte des Mittelmeers zählen zu den geschmackvollsten der Welt. Langsam unter der heißen Mittelmeersonne gereift, entwickeln Auberginen, Zucchini oder Tomaten ihr unverkennbares köstliches Aroma. Das Gemüse ist so gehaltvoll, dass es sich ganz einfach zubereiten lässt. So bekommt es den typischen mediterranen Geschmack, wenn Sie ganze Artischocken mit einer durch Blutorangensaft aromatisierten Hollandaise oder Saubohnen mit Feta & Zitrone servieren – heiß oder kalt schmecken beide Gerichte köstlich. Für gegrillte Gemüseplatten werden nur die frischesten Produkte verwendet, während lang kochende Eintöpfe, wie die klassische Ratatouille, das Aroma auch dann zur Geltung bringen, wenn das Gemüse nicht mehr ganz so knackig ist.

Salate spielen in mediterranen Mahlzeiten eine wesentliche Rolle und kaum etwas ist authentischer als gerösteter Paprikasalat oder Mozzarella mit Tomaten. Beide haben einfache Dressings und sind ideale Begleiter des ersten Gangs. Zu jeder Jahreszeit ist die farbenfrohe Panzanella ein Genuss, der italienische Salat, der einfach nur aus Brotresten, erfrischenden Tomaten, Gurken und Paprika gemacht ist.

Gegrillte Gemüseplatte

Für 4–6 Personen

ZUTATEN

2 kg gemischtes frisches Gemüse, z. B. Chicorée, Auberginen, Zucchini, Fenchel, Paprika, Frühlingszwiebeln

mit Knoblauch aromatisiertes Olivenöl

Salz und Pfeffer

frische Basilikumblätter, zum Garnieren

1 Das Gemüse waschen und putzen. Die Enden der Auberginen abschneiden und das Fruchtfleisch in 5 mm dicke Scheiben schneiden. Die Chicorée längs halbieren.

2 Die Enden der Zucchini abschneiden und das Fruchtfleisch in 5 mm dicke Scheiben schneiden. Das Fenchelgrün entfernen und das Fruchtfleisch quer in dicke Scheiben schneiden.

3 Die Paprika vierteln, Trennhäute und Samen entfernen. Das Grün der Frühlingszwiebeln entfernen, das Weiße bei großen Zwiebeln längs halbieren.

4 Das gesamte Gemüse in eine große Schüssel geben, mit Knoblauchöl beträufeln und vorsichtig mit Salz und Pfeffer würzen. Mit den Händen alles gut vermischen, damit das Gemüse ganz mit Öl bedeckt ist. Es darf aber nicht im Öl schwimmen.

5 Eine große geriffelte Pfanne stark erhitzen und leicht mit Öl einpinseln. Nur so viel Gemüse in die Pfanne geben, wie in einer Schicht hineinpasst. Bei mittlerer Hitze braten, bis es gerade weich wird.

6 Das Gemüse mit etwas Öl einpinseln und wenden. Weiter braten, bis es gar ist – die Garzeit hängt von Alter und Größe des Gemüses ab. Das fertige Gemüse auf einen großen Teller legen und das restliche Gemüse ebenso braten.

7 Noch heiß mit Salz und Pfeffer bestreuen und mit den Basilikumblättern garniert servieren.

Ratatouille

Für 4 Personen

ZUTATEN

- 1 mittelgroße Aubergine, ca. 300 g
- 5 EL Olivenöl
- 2 große Zwiebeln, in dünnen Ringen
- 2 große Knoblauchzehen, zerdrückt
- 2 Zucchini, in Scheiben
- 800 g gewürfelte Tomaten (Dose)
- 1 TL Zucker
- 1 Bouquet garni aus je 2 Stängeln frischem Thymian und frischer Petersilie, 1 Stängel Basilikum und 1 Lorbeerblatt, festgebunden an einem 7,5-cm-Stück Sellerie
- Salz und Pfeffer
- frische Basilikumblätter, zum Garnieren

1 Die Aubergine grob hacken und in einen Durchschlag geben. Mit Salz bestreuen und für 30 Minuten ziehen lassen. Gut abspülen und trockentupfen.

2 Das Öl in einem großen Topf bei mittlerer Hitze erwärmen. Die Zwiebeln zufügen, die Hitze reduzieren und unter ständigem Rühren 10 Minuten dünsten.

3 Den Knoblauch zufügen und weitere 2 Minuten dünsten, bis die Zwiebeln sehr weich und leicht gebräunt sind.

4 Aubergine, Zucchini, Tomaten mit Saft, Zucker und Bouquet garni zugeben. Salzen und pfeffern. Kurz aufkochen, die Hitze reduzieren und abgedeckt 30 Minuten köcheln.

5 Noch einmal abschmecken. Das Kräutersträußchen entfernen. Das Gemüse in eine Schüssel füllen, mit Basilikum garnieren und servieren.

TIPP

Dieses Gericht schmeckt heiß, bei Zimmertemperatur oder gekühlt. Für ein vegetarisches Hauptgericht servieren Sie es über gekochtem Couscous (s. S. 80) oder grünem Tabbouleh (s. S. 166).

Artischocken mit Sauce Malta

Für 4 Personen

ZUTATEN

4 große, runde Artischocken
2 Zitronenscheiben

SAUCE MALTA:
1 Blutorange
175 g Butter
2–3 EL Zitronensaft
3 EL Wasser
Salz und Pfeffer
3 Eidotter

1 Salzwasser in einem Topf zum Kochen bringen, der groß genug ist, um die 4 Artischocken aufrecht aufzunehmen. Zitronenscheiben zufügen. Die Stiele der Artischocken entfernen und unten gerade abschneiden.

2 Die Artischocken in den Topf geben und mit einem hitzebeständigen Teller abdecken. Die Hitze reduzieren und 20–25 Minuten leise kochen, bis sich ein Blatt leicht abzupfen lässt.

3 Inzwischen die Sauce zubereiten. Die Schale der Orange fein abreiben und 2 Esslöffel Saft auspressen.

Die Butter bei mittlerer Hitze in einer Pfanne zerlassen und den Schaum von der Oberfläche abschöpfen.

4 2 Esslöffel Zitronensaft, Wasser, Salz und Pfeffer in eine Schüssel geben. Die Schüssel über einen Topf mit kochendem Wasser hängen. Der Schüsselboden darf das Wasser nicht berühren. Die Flüssigkeit unter Rühren erhitzen.

5 Die Eidotter zufügen und unter Rühren durchwärmen. Weiterrühren und die heiße Butter langsam zugießen, bis eine dicke, glatte Sauce entsteht.

6 Orangenschale und -saft einrühren. Abschmecken und eventuell etwas Zitronensaft zugeben. Vom Herd nehmen.

7 Die Artischocken abgießen und auf 4 Teller verteilen. Die Sauce Malta dazureichen.

1

5

TIPP

Die Blätter von außen nach innen abzupfen. Die inneren Blätter sind nicht essbar. Jedes Blatt in die Sauce dippen und durch die Zähne ziehen, um das Fruchtfleisch herauszuziehen. Die inneren Blätter wegschneiden, das Heu herausschaben, um an das köstliche Herz zu gelangen. Dieses kann mit Besteck gegessen werden.

Überbackene Auberginen

Für 4–6 Personen

ZUTATEN

1 große Aubergine, ca. 800 g
Salz
300 g Mozzarella
85 g Parmesan
Olivenöl
250 ml gekochte Tomatensauce (s. S. 192) oder hochwertige, fertige Tomatensauce für Nudeln
Salz und Pfeffer

1 Die Enden der Aubergine abschneiden und das Fruchtfleisch mit einem scharfen Messer quer in 5 mm dicke Scheiben schneiden. Die Scheiben nebeneinander auf einen großen Teller legen, mit Salz bestreuen und für 30 Minuten stehen lassen.

2 Inzwischen den Mozzarella abgießen und fein hacken. Den Parmesan fein reiben. Beiseitestellen.

3 Die Aubergine abspülen und auf Küchenpapier trockentupfen. Ein Backblech mit etwas Öl einpinseln, die Auberginenscheiben nebeneinander auf das Backblech setzen und auch mit Öl einpinseln.

4 Im vorgeheizten Backofen bei 200 °C 5 Minuten rösten. Die Scheiben wenden, erneut mit Öl einpinseln und weitere 5 Minuten rösten, bis das Gemüse weich und gar ist. Den Ofen nicht ausschalten.

5 1 Esslöffel Olivenöl auf dem Boden einer Auflaufform verteilen. Eine Schicht Auberginen in die Auflaufform legen, ein Viertel der Tomatensauce zugießen und ein Viertel des Mozzarellas darüberstreuen. Mit Salz und Pfeffer bestreuen.

6 In dieser Reihenfolge weiterschichten, bis alle Zutaten aufgebraucht sind, und mit einer Schicht Sauce abschließen. Den Parmesan darüberstreuen. In den Ofen schieben und 30 Minuten backen. Vor dem Servieren 5 Minuten stehen lassen.

Imam Bayildi

Für 4 Personen

ZUTATEN

2 Auberginen à ca. 300 g
5 EL Olivenöl
2 große Zwiebeln, fein gehackt
2 große Knoblauchzehen, zerdrückt
800 g gewürfelte Tomaten (Dose)
3 EL Rosinen
3 EL frisch gehackte glatte Petersilie
abgeriebene Schale von ½ Zitrone
2 EL Zitronensaft
½ TL gemahlener Zimt
½ TL gemahlener Kreuzkümmel
1 Prise Cayennepfeffer
Salz und Pfeffer
frische glatte Petersilie, zum Garnieren

1 Die Auberginen längs halbieren. Mit einem Messer das Fruchtfleisch von den Schalen lösen, dabei einen 5 mm dicken Rand lassen. Die Schalen beiseitestellen.

2 Das Fruchtfleisch fein hacken, in einen Durchschlag geben, mit Salz bestreuen und für 30 Minuten ziehen lassen. Abspülen und trockentupfen.

3 3 Esslöffel Olivenöl in einer großen Pfanne erhitzen. Die Zwiebeln zufügen und unter Rühren bei mittlerer Hitze dünsten, bis sie weich werden. Den Knoblauch zufügen und weitere 2 Minuten unter Rühren dünsten.

4 Tomaten, Auberginen-Fruchtfleisch, Rosinen, Petersilie, Zitronenschale und -saft, Zimt, Kümmel und Cayennepfeffer zugeben. Mit Salz und Pfeffer abschmecken. Unter gelegentlichem Rühren 20 Minuten auf niedriger Stufe kochen, bis die Mischung eingedickt ist.

5 Die Mischung in die Auberginenschalen löffeln und leicht anhäufen. Die gefüllten Schalen in eine Auflaufform stellen und das restliche Olivenöl zugießen.

6 Mit Alufolie abdecken. Im vorgeheizten Backofen bei 180 °C 45–50 Minuten backen, bis die Auberginenschalen weich sind. Heiß servieren oder abkühlen lassen und bis zum Verzehr kalt stellen. Mit Petersilie garnieren.

Süß-saure Zucchini

Für 4–6 Personen

ZUTATEN

500 g Zucchini
3 EL Olivenöl
1 große Knoblauchzehe, fein gehackt
3 EL Rot- oder Weißweinessig
3 EL Wasser
6–8 eingelegte oder gesalzene Sardellenfilets
3 EL Pinienkerne
30 g Rosinen
Salz und Pfeffer
frische glatte Petersilie, zum Garnieren

1 Die Enden der Zucchini abschneiden. Das Gemüse mit einem scharfen Messer in lange, dünne Stifte schneiden. Das Öl in einer großen Pfanne bei mittlerer Hitze erwärmen. Den Knoblauch zufügen und unter Rühren 2 Minuten dünsten.

2 Die Zucchini zugeben und unter Rühren braten, bis sie zu bräunen beginnen. Essig und Wasser zugießen, abdecken und 10 Minuten leicht kochen, dabei gelegentlich rühren.

3 Inzwischen eingelegte Sardellen abtropfen, gesalzene abspülen. Die Sardellen grob hacken und mit einem Holzlöffel zu einer Paste zerstampfen.

4 Sardellen, Pinienkerne und Rosinen in die Pfanne geben und unterrühren. Unter starker Hitzezufuhr rühren, bis die Zucchini weich und mit einer dünnen Sauce bedeckt sind. Mit Salz und Pfeffer vorsichtig abschmecken, da die Sardellen schon sehr salzig sind.

5 Entweder sofort oder nach vollständigem Auskühlen bei Zimmertemperatur servieren. Vor dem Servieren mit frischer Petersilie garnieren.

VARIATION

Ersetzen Sie die Rosinen durch Sultaninen und fügen Sie etwas geriebene Zitronenschale zu.

Frittierte Zucchini

Für 4 Personen

ZUTATEN

5 EL Speisestärke
1 TL Salz
1 Prise Cayennepfeffer, zum Abschmecken
150 ml Wasser
900 g Zucchini
Pflanzenöl, zum Frittieren
Meersalz, zum Servieren
frische Kräuterstängel, z. B. Basilikum, glatte Petersilie oder Salbei, zum Garnieren

1 Speisestärke, Salz und Cayennepfeffer in einer großen Schüssel mischen und in die Mitte eine Vertiefung drücken. Das Wasser zugießen und zu einem dünnen Teig verrühren. Der Teig darf ein paar Klümpchen haben. Für 20 Minuten beiseitestellen.

2 Inzwischen die Zucchini in 5 mm dicke Scheiben schneiden. Das Öl in einer großen Pfanne oder einer Fritteuse auf 190 °C erhitzen oder bis ein Brotwürfel darin in 20–30 Sekunden braun wird.

3 Den Teig noch einmal durchrühren. Die Zucchini portionsweise in den Teig geben und rühren, bis sie gut bedeckt sind. Das Gemüse mit einem Schaumlöffel herausheben und überschüssigen Teig abschütteln.

4 Die Zucchinischeiben in das heiße Öl geben und ca. 45–60 Sekunden frittieren, bis sie von jeder Seite goldbraun sind. Sofort aus dem Öl nehmen und auf Küchenpapier abtropfen lassen. Mit Meersalz bestreuen und bis zum Servieren warm halten.

5 Die restlichen Zucchini ebenso ausbacken. Mit Kräutern der Saison garnieren und servieren.

TIPP

Die richtige Öltemperatur ist wichtig, damit die Zucchini knackig bleiben.

VARIATION

Frittieren Sie auf diese Weise auch Zwiebelringe.

1

3

4

Geschmorter Fenchel

Für 4–6 Personen

ZUTATEN

2 Zitronenscheiben
2–3 Fenchelknollen, je nach Größe
1½ EL Olivenöl
40 g Butter
4 Stängel frischer oder ¼ TL getrockneter Thymian
Pfeffer
175 ml Hühner- oder Gemüsebrühe
85 g frisch geriebener Parmesan
frischer Thymian, zum Garnieren

1 In einem großen Topf Wasser zum Kochen bringen und die Zitronenscheiben zugeben. Die Fenchelknollen putzen und längs in Scheiben schneiden. In den Topf geben, wieder zum Kochen bringen und 8 Minuten leise kochen, bis sie eben weich sind. Gründlich abgießen.

2 Öl und Butter in einer hitzebeständigen Kasserolle bei mittlerer Hitze erwärmen. Das warme Fett an Boden und Wänden des Topfes verteilen.

3 Die Fenchelscheiben zufügen und rührend mit dem Fett bedecken. Den Thymian zugeben und mit Pfeffer abschmecken. Die Brühe zugießen und den Käse darüberstreuen.

4 Im vorgeheizten Backofen bei 200 °C ca. 25–30 Minuten schmoren, bis der Fenchel gar ist, die Brühe aufgenommen hat und der Käse geschmolzen und goldbraun ist. Mit Thymian garnieren und sofort servieren.

TIPP

Hier kann auch älterer Fenchel ideal verarbeitet werden.

Gemüse à la Grecque

Für 4–6 Personen

ZUTATEN

250 g kleine Perlzwiebeln
250 g Champignons
250 g Zucchini
450 ml Wasser
5 EL Olivenöl
2 EL Zitronensaft
2 Zitronenzesten
2 große Knoblauchzehen, in dünnen Scheiben
½ Zwiebel, fein gehackt
1 Lorbeerblatt
15 schwarze Pfefferkörner, grob zerstoßen
1 Prise getrockneter Oregano
10 Koriandersamen, grob zerstoßen
frische glatte Petersilie oder frischer Koriander, fein gehackt, zum Garnieren
Focaccia (oder Fladenbrot), zum Servieren

1 Einen Kessel Wasser zum Kochen bringen. Die Perlzwiebeln in eine hitzebeständige Schüssel geben und mit dem kochenden Wasser übergießen. 2 Minuten ziehen lassen und abgießen, dann die Haut abziehen.

2 Die Stiele von den Pilzen abschneiden. Hüte je nach Größe ganz lassen, halbieren oder vierteln. Die Enden der Zucchini abschneiden, einige Streifen Schale entfernen und die Zucchini in 5 mm dicke Scheiben schneiden. Pilze und Zucchini beiseitestellen.

3 Wasser, Öl, Zitronensaft und -zesten, Knoblauch, Zwiebel, Lorbeerblatt, Pfefferkörner, Oregano und Koriandersamen in einen großen Topf geben und bei starker Hitze zum Kochen bringen. Die Hitze reduzieren und 15 Minuten köcheln.

4 Die Perlzwiebeln zugeben und weitere 5 Minuten leise kochen. Zucchini und Pilze einrühren und weitere 2 Minuten köcheln. Mit einem Schaumlöffel das Gemüse herausheben und in eine Auflaufform geben.

5 Bei starker Hitze die Flüssigkeit aufkochen und auf ca. 6 Esslöffel reduzieren. Über das Gemüse gießen und zum Auskühlen beiseitestellen.

6 Mit Frischhaltefolie abdecken und für mindestens 12 Stunden kalt stellen.

7 Zum Servieren das Gemüse auf einem Teller anrichten und mit Petersilie garnieren. Focaccia oder Fladenbrot dazureichen.

2

4

5

Glasierte Babyzwiebeln

Für 4–6 Personen

ZUTATEN

500 g kleine Zwiebeln
2 EL Olivenöl
2 große Knoblauchzehen, zerdrückt
300 ml Gemüse- oder Hühnerbrühe
1 EL frisch gehackter Thymian
1 EL hellbrauner Zucker
2 EL Rotweinessig
ca. ½ EL Balsamico-Essig
Salz und Pfeffer
frische Thymianstängel, zum Garnieren

1 Wasser in einem Kessel zum Kochen bringen. Die Zwiebeln in eine hitzebeständige Schüssel geben und mit dem kochenden Wasser übergießen. 2 Minuten ziehen lassen und gut abgießen.

2 Mit einem kleinen Messer und den Fingern die Haut abziehen.

3 Das Öl in einer Pfanne bei mittlerer Hitze erwärmen. Die Zwiebeln zufügen und unter Rühren 8 Minuten dünsten, bis sie von allen Seiten goldbraun sind.

4 Den Knoblauch zufügen und weitere 2 Minuten dünsten. Gelegentlich rühren. Brühe, Thymian, Zucker und Rotweinessig zugeben und so lange rühren, bis sich der Zucker gelöst hat.

5 Zum Kochen bringen, dann die Hitze reduzieren und 10 Minuten köcheln, bis die Zwiebeln weich sind und bei Berührung mit einer Messerspitze nachgeben. Die Flüssigkeit sollte zu einem Sirup reduziert sein.

6 ½ Esslöffel Balsamico-Essig einrühren. Mit Salz und Pfeffer abschmecken und nach Geschmack noch etwas Balsamico zugeben. In eine Schüssel füllen und mit Thymianstängeln garniert heiß oder kalt servieren.

VARIATION

Für etwas mehr Biss 2 EL geröstete Pinienkerne zufügen, jedoch erst kurz vor dem Servieren, da sie sonst weich werden.

Scharfe Linsen mit Spinat

Für 4–6 Personen

ZUTATEN

2 EL Olivenöl
1 große Zwiebel, fein gehackt
1 große Knoblauchzehe, zerdrückt
½ EL gemahlener Kreuzkümmel
½ EL gemahlener Ingwer
250 g Puy-Linsen
ca. 600 ml Gemüse- oder Hühnerbrühe
100 g junger Blattspinat
2 EL frische Minzeblätter
1 EL frische Korianderblätter
1 EL frische glatte Petersilienblätter
frisch gepresster Zitronensaft
Salz und Pfeffer
Zitronenzesten, geraspelt, zum Garnieren

1 Das Öl in einer Pfanne bei mittlerer Hitze erwärmen. Die Zwiebeln zufügen und 6 Minuten andünsten. Knoblauch, Kreuzkümmel und Ingwer einrühren und weiterdünsten, bis die Zwiebeln zu bräunen beginnen, dabei gelegentlich rühren.

2 Die Linsen einrühren. So viel Brühe zugießen, dass die Linsen 2,5 cm hoch bedeckt sind. Die Hitze reduzieren und 20 Minuten oder nach Packungsanweisung leise kochen, bis die Linsen weich sind.

3 Inzwischen die Spinatblätter unter kaltem Wasser gründlich waschen und trocken schütteln. Minze, Koriander und Petersilie fein hacken.

4 Wenn in der Pfanne keine Brühe mehr ist, noch etwas zugießen. Den Spinat zufügen und unter Rühren zusammenfallen lassen. Minze, Koriander und Petersilie einrühren. Mit Zitronensaft, Salz und Pfeffer abschmecken. In eine Schüssel füllen und mit Zitronenzesten garniert servieren.

TIPP

In diesem Rezept werden grüne Puy-Linsen aus Frankreich verarbeitet, da sie auch nach langem Kochen ihre Form behalten. Sie können auch rote oder braune Linsen verwenden, sollten dann aber beim Kochen darauf achten, dass sie nicht zerfallen.

Borlotti-Bohnen in Tomatensauce

Für 4–6 Personen

ZUTATEN

600 g frische Borlotti-Bohnen mit Hülsen
4 große frische Salbeiblätter, gezupft
1 EL Olivenöl
1 große Zwiebel, in dünnen Ringen
300 ml gekochte Tomatensauce (s. S. 192) oder hochwertige, fertige Tomatensauce für Nudeln
Salz und Pfeffer
frisch gehackte Salbeiblätter, zum Garnieren

1 Die Hülsen der Bohnen entfernen. Wasser in einem Topf zum Kochen bringen. Bohnen und Salbei zugeben und 12 Minuten leise kochen, bis die Bohnen weich sind. Abgießen und beiseitestellen.

2 Das Öl in einer großen Pfanne bei mittlerer Hitze erwärmen. Die Zwiebel zufügen und unter gelegentlichem Rühren ca. 5 Minuten dünsten, bis sie weich ist, aber nicht gebräunt. Bohnen mit Salbei und Tomatensauce einrühren.

3 Bei starker Hitze unter Rühren zum Kochen bringen. Die Hitze reduzieren und mit halb geschlossenem Deckel ca. 10 Minuten leise kochen, bis die Sauce etwas eingedickt ist.

4 Mit Salz und Pfeffer abschmecken, in eine Schüssel füllen, mit Salbeiblättern garnieren und heiß servieren.

VARIATION

Anstatt der frischen Borlotti-Bohnen können Sie auch Konserven verwenden. Abgießen, gut ausspülen und in Schritt 2 mit Tomatensauce und Salbei zugeben.

Saubohnen mit Feta & Zitrone

Für 4–6 Personen

ZUTATEN

500 g Saubohnen, gepult
4 EL kaltgepresstes Olivenöl
1 EL Zitronensaft
Salz und Pfeffer
1 EL frisch gehackter Dill, plus etwas zum Garnieren
60 g Feta, abgetropft und gewürfelt
Zitronenschnitze, zum Servieren

1 Wasser in einem Topf zum Kochen bringen. Saubohnen zufügen und 2 Minuten weich kochen, gut abgießen.

2 Wenn die Bohnen etwas abgekühlt sind, die äußere Haut abziehen, damit die Bohnen grün glänzen (s. Tipp). Die Bohnen in eine Schüssel geben.

3 Olivenöl und Zitronensaft verrühren und mit Salz und Pfeffer abschmecken. Über die warmen Bohnen gießen, den Dill zufügen und alles gut verrühren.

4 Um die Bohnen heiß zu servieren, die Käsewürfel über den Bohnen verteilen und mit Dill bestreuen. Alternativ auskühlen lassen und bis zum Verzehr kalt stellen. 10 Minuten vor dem Servieren aus dem Kühlschrank nehmen, abschmecken, mit Feta und Dill garnieren und mit Zitronenschnitzen servieren.

TIPP

Es lohnt sich, hochwertiges Olivenöl zu verwenden, da es dem Gericht erst den richtigen Geschmack verleiht.

TIPP

Nur bei sehr jungen Saubohnen, wie man sie zu Beginn der Saison finden kann, braucht die äußere Haut wie in Schritt 2 nicht entfernt zu werden.

Mozzarella-Kirschtomaten-Salat

Für 4–6 Personen

ZUTATEN

450 g Kirschtomaten	2 EL Balsamico-Essig	15 g frische glatte Petersilie
4 Frühlingszwiebeln	Salz und Pfeffer	25 g Basilikumblätter
125 ml kaltgepresstes Olivenöl	200 g Büffel-Mozzarella, gewürfelt	

1 Mit einem scharfen Messer die Tomaten halbieren und in eine große Schüssel geben. Die Frühlingszwiebeln putzen, grüne und weiße Teile fein hacken und zu den Tomaten geben.

2 Öl und Essig zugießen und alles mit den Händen vermischen. Mit Salz und Pfeffer abschmecken. Den Mozzarella zugeben und alles vermischen. Abdecken und für 4 Stunden in den Kühlschrank stellen.

3 Den Salat 10 Minuten vor dem Servieren aus dem Kühlschrank nehmen. Die Petersilie fein hacken und zufügen. Alle Zutaten noch einmal durchmischen. Mit Basilikumblättern garnieren, noch einmal abschmecken und servieren.

TIPP

Wir empfehlen für diesen Salat Büffel-Mozzarella – Mozzarella di bufalo. *Er schmeckt besser als der Mozzarella aus Kuhmilch. Mit* Bocconcini *(kleine Mozzarella-Kügelchen) sieht dieser Salat sehr appetitlich aus. Suchen Sie nach dieser italienischen Delikatesse.*

VARIATION

Ersetzen Sie die Kirschtomaten durch ofengetrocknete Tomaten (s. S. 174) oder eingelegte sonnengetrocknete Tomaten (abgießen).

Für einen gehaltvolleren Salat 400 g gekochte, kalte Nudeln zufügen. Die Nudeln bissfest kochen, gut abgießen und mit 1 Esslöffel Olivenöl verrühren. Auskühlen lassen und in Schritt 2 zum Salat geben.

Gerösteter Paprikasalat

Für 4 Personen

ZUTATEN

4–6 große gelbe, rote und/oder orangefarbene Paprika
2 Frühlingszwiebeln, geputzt

VINAIGRETTE:
6 EL kaltgepresstes Olivenöl
1½ EL frisch gepresster Zitronensaft
2 EL frisch gehackte glatte Petersilie
Salz und Pfeffer

1 Für das Dressing Öl, Zitronensaft und Petersilie in ein Schraubglas füllen, verschließen und kräftig schütteln. Mit Salz und Pfeffer abschmecken und beiseitestellen.

2 Die Stiele der Paprika entfernen und die Schoten, je nach Größe, vierteln oder dritteln. Trennhäute und Samen entfernen. Je flacher die Schotenstücke sind, desto leichter lassen sie sich verarbeiten.

3 Die Frühlingszwiebeln schräg in dünne Ringe schneiden.

4 Die Paprika auf einen Grillrost legen und unter dem vorgeheizten Grill ca. 10 Minuten grillen, bis die Haut Blasen wirft und das Fleisch weich wird.

5 Die Schoten mit einer Zange einzeln herausnehmen. Sofort in eine Schüssel geben und mit Frischhaltefolie abdecken. 20 Minuten stehen lassen, bis der Dampf die Haut gelöst hat.

6 Mit einem scharfen Messer und den Fingern vorsichtig die gesamte Haut von den Paprika entfernen und das Fruchtfleisch in lange dünne Streifen schneiden.

7 Das Gemüse auf einer Platte anrichten. Das Dressing schütteln und über das Gemüse gießen, Frühlingszwiebeln darüberstreuen. Sofort mit Brot servieren oder abdecken und bis zum Verzehr kalt stellen.

VARIATION

Für eine Party kleine gekochte Garnelen im Dressing marinieren und über den Salat streuen. Sie können auch Kapern, Sardellen, entsteinte und klein geschnittene grüne und schwarze Oliven oder fein geriebene Zitronenschale zugeben.

Gefüllte Tomaten

Ergibt 4 Stück

ZUTATEN

ca. 40 g Gurke, fein gehackt
Salz und Pfeffer
3 große Eier
4 sehr große Tomaten à ca. 300 g
5 Frühlingszwiebeln, geputzt und in Ringe geschnitten
350 g eingelegter Thunfisch, abgetropft
1–2 EL Mayonnaise
1 Spritzer Zitronensaft
1 Hand voll frische Basilikumblätter, plus etwas zum Garnieren

1 Die Gurke in ein Nylonsieb geben, mit Salz und Pfeffer bestreuen und für 30 Minuten abtropfen lassen.

2 Inzwischen die Eier 12 Minuten kochen. Abgießen und unter kaltem Wasser abschrecken, um den Kochvorgang zu stoppen.

3 Die Eier schälen. Eidotter und Eiweiß getrennt hacken. Die Gurke abspülen und auf Küchenpapier trockentupfen.

4 Von den Tomaten einen Deckel abschneiden. Mit einem kleinen Löffel die Tomaten aushöhlen und das Fruchtfleisch aufbewahren. Die Tomaten kopfüber auf Küchenpapier abtropfen lassen. Das Fruchtfleisch hacken und abtropfen lassen.

5 Die gehackten Tomaten in eine Schüssel geben, Gurke, Frühlingszwiebeln, Eidotter und einen Teil des Eiweißes zugeben. Den Rest für die Garnierung aufbewahren. Den Thunfisch zerbröckeln und zugeben.

6 1 Esslöffel Mayonnaise zufügen, mit Zitronensaft, Salz und Pfeffer abschmecken. Alles verrühren und etwas Mayonnaise zufügen, wenn die Mischung zu dick ist. Das Basilikum zupfen und unter die Mischung rühren. Noch einmal abschmecken.

7 Die Füllung in die ausgehöhlten Tomaten löffeln. Das zurückbehaltene Eiweiß darüberstreuen. Mit Frischhaltefolie abdecken und bis zum Verzehr kalt stellen, jedoch nicht länger als 3 Stunden, da die Füllung sonst matschig wird. Mit Basilikum garnieren und servieren.

4

5

7

Panzanella

Für 4 Personen

ZUTATEN

250 g Kräuter-Focaccia (s. S. 206), Ciabatta oder Baguette
4 große, vollreife Tomaten
ca. 5 EL kaltgepresstes Olivenöl
4 große rote, gelbe und/oder orangefarbene Paprika
100 g Gurke
1 große rote Zwiebel, fein gehackt
8 eingelegte Sardellenfilets, abgetropft und gehackt
2 EL eingelegte Kapern, abgespült und trockengetupft
ca. 4 EL Rotweinessig
ca. 2 EL Balsamico-Essig
Salz und Pfeffer
frische Basilikumblätter, zum Garnieren

1 Das Brot in 2,5 cm große Würfel schneiden und in eine große Schüssel geben. Die Tomaten über einer Schüssel vierteln und den Saft auffangen. Mit einem Teelöffel die Kerne entfernen, dann das Fruchtfleisch grob hacken und zu den Brotwürfeln geben.

2 5 EL Olivenöl über die Mischung träufeln und mit den Händen alles gut vermischen. Den aufgefangenen Tomatensaft zugießen und erneut mischen. Abdecken und für 30 Minuten stehen lassen.

3 Inzwischen die Paprika halbieren, Trennhäute und Samen entfernen. Die Paprika auf einen Grillrost legen und unter dem vorgeheizten Grill 10 Minuten grillen, bis die Haut Blasen wirft und das Fruchtfleisch weich ist. Die Paprika in einen Gefrierbeutel füllen, verschließen und 20 Minuten beiseitestellen, damit der Dampf die Haut löst. Diese vollständig entfernen und das Fruchtfleisch klein hacken.

4 Die Gurke längs halbieren und jede Hälfte in 3 lange Streifen schneiden. Mit einem Teelöffel die Samen entfernen. Die Gurke hacken.

5 Zwiebel, Paprika, Gurke, Sardellen und Kapern zur Brotmischung geben und alles gut verrühren. Rotwein- und Balsamico-Essig darüberträufeln und mit Salz und Pfeffer würzen. Falls nötig noch etwas Öl oder Essig zugießen, es darf aber nicht zu flüssig werden. Den Salat mit Basilikumblättern garnieren und sofort servieren.

Grüner Tabbouleh

Für 4 Personen

ZUTATEN

300 g Bulgur
200 g Gurke
6 Frühlingszwiebeln
15 g frische glatte Petersilie
1 Zitrone
ca. 2 EL mit Knoblauch aromatisiertes Olivenöl
Salz und Pfeffer

1 Einen Kessel mit Wasser zum Kochen bringen. Bulgur in eine hitzebeständige Schüssel geben, mit 600 ml kochendem Wasser übergießen und mit einem umgedrehten Teller abdecken. 20 Minuten ziehen lassen, bis der Weizen das Wasser aufgenommen hat und weich ist.

2 Inzwischen die Gurke längs halbieren und jede Hälfte in 3 lange Streifen schneiden. Mit einem Teelöffel die Samen entfernen. Die Gurkenstreifen in mundgerechte Stücke schneiden und in eine Schüssel geben.

3 Die grünen Enden der Frühlingszwiebeln abschneiden und die Zwiebeln längs halbieren. Alles fein hacken und zu den Gurken in die Schüssel geben.

4 Die Petersilie auf ein Küchenbrett legen und mit Salz bestreuen. Mit einem Küchenmesser Blätter und Stängel fein hacken und ebenfalls in die Schüssel geben. Die Schale der Zitrone in die Schüssel reiben.

5 Den abgekühlten Bulgur mit den Händen auspressen oder in ein Sieb geben und das überschüssige Wasser durchdrücken.

6 Die Zitrone halbieren und eine Hälfte über dem Salat auspressen. 2 Esslöffel Knoblauchöl zugießen und alle Zutaten verrühren. Mit Salz und Pfeffer abschmecken und eventuell noch etwas mehr Zitronensaft oder Öl zugeben. Mit Frischhaltefolie abdecken und bis zum Verzehr kalt stellen.

TIPP

Mit Dips, z. B. Hummus *(s. S. 8)* *servieren.*

Radicchio-Speck-Salat

Für 4 Personen

ZUTATEN

600 g Radicchio
ca. 3 EL Olivenöl
1 große Knoblauchzehe, zerdrückt
300 g Schinkenwürfel
ca. 1 EL Balsamico-Essig
Salz und Pfeffer
frische Basilikumblätter, zum Garnieren

1 Mit den äußeren Blättern des Radicchios 4 einzelne Teller auslegen und beiseitestellen. Den restlichen Radicchio quer in 5 mm dicke Scheiben schneiden.

2 3 Esslöffel Öl in einer großen Pfanne bei mittlerer Hitze erwärmen. Den Knoblauch zufügen und unter Rühren 2 Minuten dünsten. Mit einem Schaumlöffel aus der Pfanne heben.

3 Die Schinkenwürfel zufügen und etwa 5 Minuten braten, bis sie gar und von außen braun sind.

4 Den Radicchio in die Pfanne geben und 30 Sekunden rühren, bis er durchwärmt ist und allmählich zusammenfällt. Nicht zu lange braten, da er sonst matschig wird (s. Tipp).

5 1 Esslöffel Balsamico-Essig einrühren. Nach Wunsch etwas Öl und Essig zugeben. Mit Salz und Pfeffer abschmecken. Den heißen Salat auf die mit Radicchio ausgelegten Teller löffeln, mit Basilikum garnieren und sofort servieren.

TIPP

Es ist wichtig, den Radicchio in Schritt 4 nicht zu lange zu braten, sonst wird er grau. Nur durchwärmen.

Kleine Spezialitäten

In diesem Kapitel finden Sie eine Auswahl verschiedenster Rezepte. Verwenden Sie z. B. die mediterrane Fischbrühe, wenn Sie eine Suppe mit authentischem Aroma zubereiten möchten, oder legen Sie aromatisierte Oliven ein, um sie Ihren Freunden anzubieten, wenn sie auf einen Drink vorbeikommen.

Es gibt Jahreszeiten, in denen fast überall auf der Welt köstliche Tomaten zu bekommen sind. Versuchen Sie, die Tomaten langsam zu rösten und sie in Olivenöl zu lagern, sodass ihr frisches Aroma Nudelsaucen und Eintöpfe das ganze Jahr über bereichert.

Die Brote in diesem Kapitel sind aromatisiert mit den Düften des Mittelmeers. Die Kräuter-Focaccia eignet sich als optimaler Begleiter für jedes Mahl. Die Olivenbrötchen schmecken so gut, dass man sie auch so – ohne Belag – essen kann. Die Sesamstangen mit ihrer köstlichen knusprigen Kruste sind der Renner, wenn sie mit einem der cremigen Dips serviert werden.

Vor allem die Griechen, Zyprioten und Türken genießen fast zu jeder Tageszeit ihren dicken, cremigen Joghurt. Wenn Sie ihn im Supermarkt nicht finden können, machen Sie ihn einfach selbst (s. Rezept S. 182).

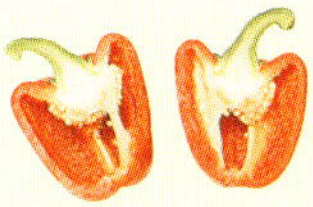

Aromatisierte Oliven

Ergibt je ein 500-ml-Einmachglas

ZUTATEN

frische Kräuter, z. B. Koriander, glatte Petersilie oder Thymian, zum Servieren

PROVENZALISCHE OLIVEN:
- 3 getrocknete rote Chilischoten
- 1 TL schwarze Pfefferkörner
- 300 g schwarze Oliven in Salzlake
- 2 Zitronenscheiben
- 1 TL schwarze Senfkörner
- 1 EL mit Knoblauch aromatisiertes Olivenöl
- kaltgepresstes Olivenöl

KATALANISCHE OLIVEN:
- ½ rote oder orangefarbene Paprika, gegrillt (s. S. 164)
- 150 g schwarze Oliven in Salzlake
- 150 g grüne, mit Paprika gefüllte Oliven
- 1 EL eingelegte Kapern, abgetropft
- 1 Prise Chilipulver, zum Abschmecken
- 4 EL frisch gehackter Koriander
- 1 Lorbeerblatt
- kaltgepresstes Olivenöl

GRIECHISCHE OLIVEN:
- ½ große Zitrone
- 300 g Kalamata-Oliven (oder schwarze Oliven in Salzlake)
- 4 Stängel frischer Thymian
- 1 Schalotte, sehr fein gehackt
- 1 EL Fenchelsamen, grob zerstoßen
- 1 TL getrockneter Dill
- kaltgepresstes Olivenöl

1 Für die provenzalischen Oliven Chilischoten und Pfefferkörner in einem Mörser grob zerstoßen. Die Oliven abgießen, abspülen und auf Küchenpapier trockentupfen. Alle Zutaten in ein Einmachglas (500 ml) füllen und mit Olivenöl übergießen, bis die Oliven bedeckt sind.

2 Das Glas verschließen und für mindestens 10 Tage stehen lassen, dabei täglich schütteln.

3 Für die katalanischen Oliven die Paprika fein hacken. Die Oliven abgießen, abspülen und auf Küchenpapier trockentupfen. Alle Zutaten in ein Einmachglas (500 ml) geben und mit Olivenöl übergießen, bis die Oliven bedeckt sind. Wie in Schritt 2 marinieren.

4 Für die griechischen Oliven die Zitrone in 4 Scheiben schneiden, dann jede Scheibe in Schnitze. Die Oliven abgießen, abspülen und auf Küchenpapier trockentupfen.

5 Jede Olive längs bis zum Stein einschneiden. Alle Zutaten in ein Einmachglas (500 ml) geben und mit Olivenöl übergießen, bis die Oliven bedeckt sind. Wie in Schritt 2 marinieren.

Ofengetrocknete Tomaten

Ergibt ein 250-ml-Einmachglas

ZUTATEN

1 kg große, saftige, vollreife Tomaten
Meersalz
kaltgepresstes Olivenöl

1 Alle Tomaten mit einem scharfen Messer längs vierteln.

2 Mit einem Teelöffel die Samen entfernen und wegwerfen. Große Tomaten noch einmal längs vierteln.

3 Ein Backblech mit dem Meersalz bestreuen und die Tomaten mit der Haut nach unten darauf verteilen. Im vorgeheizten Backofen bei 120 °C ca. 2½ Stunden trocknen, bis die Ecken geröstet aussehen und das Fleisch trocken, aber noch geschmeidig ist. Die exakte Dauer hängt von der Größe und Saftigkeit der Tomaten ab. Nach 1½ Stunden sollten die Tomaten daher alle 30 Minuten geprüft werden.

4 Die getrockneten Tomaten vom Blech nehmen und vollständig auskühlen lassen. In ein Einmachglas (250 ml) füllen und mit Olivenöl übergießen, bis sie bedeckt sind. Fest verschließen und im Kühlschrank lagern, wo sie bis zu 2 Wochen haltbar sind.

TIPP

Servieren Sie diese Tomaten mit Büffel-Mozzarella: Mit Olivenöl beträufeln und mit Pfeffer und gezupften Basilikumblättern garnieren. Fügen Sie einige Scheiben dieser Tomaten zur gekochten Tomatensauce (s. S. 192), während sie köchelt. So wird sie noch geschmackvoller. Köstlich schmecken sie auch im Salade Niçoise (s. S. 118) oder im gerösteten Paprikasalat (s. S. 160).

2

3

4

Eingemachte Zitrusfrüchte

Ergibt ein 2-l-Einmachglas

ZUTATEN

EINGEMACHTE ZITRONEN:
4 große dünnschalige Zitronen
ca. 2 kg Tafelsalz
4 Lorbeerblätter

GETROCKNETE ORANGENSCHALE:
1 große, süße Orange

1 Die Zitronen mit warmem Wasser waschen und auf Küchenpapier trockentupfen. 1 Zitrone auf den Stielansatz stellen und Viertel einschneiden, ohne die Zitrone durchzuschneiden. Dies mit den restlichen 3 Zitronen wiederholen.

2 Eine 5 mm dicke Schicht Salz auf den Boden eines Einmachglases (2 l) mit metallfreiem Deckel geben.
1 Zitrone mit der geschnittenen Seite nach oben in das Glas legen und andrücken, damit sich die Viertel öffnen. 1 Lorbeerblatt in die Zitrone legen und diese vollständig mit Salz bedecken. Dies mit den restlichen Zitronen wiederholen.

3 Mit einem Holzlöffel auf die Zitronen drücken, um ihren Saft auszupressen. Mit einer Schicht Salz bedecken. Das Glas verschließen und für mindestens 1 Monat stehen lassen, dabei einmal täglich umdrehen.

4 Bei Bedarf ein Zitronenviertel herausnehmen und gut abspülen. Zur Verarbeitung den Rezeptangaben folgen. Für manche Rezepte benötigt man Fruchtfleisch und Schale, für andere nur die Schale.

5 Für die getrocknete Orangenschale mit einem kleinen Sägemesser die Orange in einem Stück spiralförmig schälen, dabei von oben nach unten arbeiten.

6 Mit einer Nähnadel einen Faden durch die Schale ziehen und eine Schlinge zum Aufhängen bilden. Die Schale an einen Küchenhaken hängen, bis sie getrocknet ist. In einem luftdichten Gefäß lagern und nach Bedarf verwenden.

Kandierte Zitrusschalen

Ergibt 60–80 Stück

ZUTATEN

1 große, dickschalige Orange
1 große, dickschalige Zitrone
1 große, dickschalige Limette

600 g Zucker
300 ml Wasser

125 g hochwertige Bitterschokolade, gehackt (nach Geschmack)

1 Die Orange längs vierteln, den Saft auspressen, trinken oder in einem anderen Rezept verwenden. Jedes Viertel längs halbieren.

2 Die Frucht vollständig von der Schale entfernen. Ist weiße Haut an der Schale verblieben, das Messer ganz flach anlegen und vorsichtig vor und zurück bewegen, um sie zu entfernen. Es darf keine weiße Haut verbleiben, da die Schale sonst bitter schmeckt.

3 Diese Schritte mit Zitrone und Limette wiederholen, die Limette jedoch nur vierteln. Jede Schale in 3–4 Streifen schneiden, sodass insgesamt 60–80 entstehen. Die Streifen in kochendes Wasser geben und 30 Sekunden kochen. Abgießen.

4 Zucker und Wasser in einen Topf geben und bei mittlerer Hitze so lange rühren, bis sich der Zucker gelöst hat. Bei starker Hitzezufuhr aufkochen, dabei nicht rühren. Wenn der Sirup klar wird, die Hitze bis zur niedrigsten Stufe reduzieren.

5 Die Zitrusstreifen zufügen und mit einem Holzlöffel unter Wasser drücken. 30 Minuten im Sirup köcheln, ohne zu rühren. Vom Herd nehmen und mindestens 6 Stunden stehen lassen, bis alles abgekühlt ist.

6 Ein Backblech mit Alufolie auslegen. Vorsichtig die dünne Haut auf dem Sirup entfernen. Die Streifen einzeln aus dem Sirup nehmen, abschütteln und auf der Folie auskühlen lassen.

7 Für einen Schokoladenüberzug die Schokolade schmelzen. Die Streifen einzeln bis zur Hälfte in die Schokolade tauchen und auf der Folie trocknen lassen. Wenn sie vollständig getrocknet sind, in einem luftdichten Behälter aufbewahren.

Mediterrane Fischbrühe

Ergibt 2 Liter

ZUTATEN

1 kg Fischknochen und -reste
mindestens 3 l Wasser
1 Prise Salz
4 große Tomaten
2 große Fenchelknollen
2 große Knoblauchzehen
1 Stange Porree
125 ml trockener Weißwein
1 Bouquet garni aus 2 Stängeln frischer glatter Petersilie und 1 Stängel frischem Thymian, festgebunden an einem 7,5-cm-Stück Sellerie

1 Fischknochen und -reste unter kaltem fließendem Wasser abspülen und jegliches Blut entfernen. In einen großen Topf geben und mit dem Wasser übergießen. Das Salz zufügen und zum Kochen bringen. Nur die Oberfläche darf blubbern, nicht die gesamte Flüssigkeit.

2 Mit einem Schaumlöffel die Oberfläche abschöpfen. Die Hitze stark reduzieren und die Brühe 30 Minuten köcheln, dabei gelegentlich den Schaum abschöpfen.

3 Inzwischen Tomaten, Fenchel und Knoblauch hacken. Den Porree in Stücke schneiden, hacken und in einer Schüssel mit kaltem Wasser gründlich auswaschen.

4 Die Brühe durch ein Sieb in eine große Schüssel gießen und die Feststoffe wegwerfen.

5 Die Brühe wieder in den ausgewaschenen Topf geben, Gemüse, Wein und Bouquet garni zugeben. Langsam aufkochen und gelegentlich den Schaum abschöpfen.

6 Die Hitze reduzieren und mit halb geschlossenem Deckel weitere 30 Minuten leise kochen, bis die Flüssigkeit auf ca. 2 Liter reduziert ist. Die Brühe durch ein Sieb in eine große Schüssel gießen und auskühlen lassen. Bis zum Gebrauch einfrieren.

TIPP

Im Kühlschrank ist die Brühe bis zu 2 Tage haltbar.

Griechischer Joghurt

Ergibt 500 g

ZUTATEN

1 kg Naturjoghurt
½ TL Salz, zum Abschmecken

GARNIERUNG:
kaltgepresstes Olivenöl
Orangenblüten- oder Lavendelhonig
Zitronenschale, fein gerieben
Koriandersamen, zerdrückt
Paprikapulver
frische Minze oder frischer Koriander, sehr fein gehackt

1 Ein 125 cm × 75 cm großes Stück Musselin in einen Topf geben, mit Wasser bedecken und zum Kochen bringen. Den Topf vom Herd nehmen und mit einem Holzlöffel den Musselin herausheben. Den Stoff mit Gummihandschuhen gründlich auswringen.

2 Den Stoff doppelt falten und einen Durchschlag oder ein Sieb damit auslegen. Den Joghurt in eine Schüssel geben und das Salz einrühren. Den Joghurt in die Mitte des Musselins löffeln.

3 Den Stoff über der Schüssel aufnehmen und die Stoffenden zu einem Säckchen zusammenbinden. Wenn die Spüle tief genug ist, das Säckchen am Wasserhahn befestigen. Wenn nicht, einen Besenstiel quer zwischen 2 Stühle legen und die Schüssel darunterstellen. Das Säckchen am Besenstiel über der Schüssel festbinden und für mindestens 12 Stunden abtropfen lassen.

4 Den abgetropften, eingedickten Joghurt in ein Nylonsieb über einer Schüssel geben. Mit Frischhaltefolie abdecken und für weitere 24 Stunden in den Kühlschrank stellen, bis er weich und cremig ist.

5 Zum Servieren abschmecken und eventuell nachsalzen. Den Joghurt in eine Schüssel füllen und nach Geschmack bestreuen.

Aïoli

Ergibt 350 ml

ZUTATEN

- 4 große Knoblauchzehen, oder mehr zum Abschmecken
- 1 Prise Meersalz
- 2 große Eidotter
- 300 ml kaltgepresstes Olivenöl
- 1–2 EL Zitronensaft, zum Abschmecken
- 1 EL frische, helle Brotkrümel
- Salz und Pfeffer

ROHKOST (ZUM SERVIEREN):

- Auswahl roher Gemüse, z. B. rote Paprikastreifen, Zucchinistreifen, ganze Frühlingszwiebeln
- Auswahl blanchierter und abgekühlter Gemüse, z. B. Artischockenherzen, Blumenkohl- und Brokkoliröschen, grüne Bohnen

1 Den Knoblauch auf einem Küchenbrett fein hacken. Das Salz zufügen und mit einer breiten Messerklinge Knoblauch und Salz zu einer weichen Paste verarbeiten.

2 Die Knoblauchmasse in eine Küchenmaschine geben. Die Eidotter zufügen und mixen, bis eine glatte Masse entsteht. Eventuell hin und wieder die Schüsselwandung abschaben.

3 Das Olivenöl in einem dünnen Strahl zugießen und so lange mixen, bis eine dicke Mayonnaise entsteht.

4 1 Esslöffel Zitronensaft und die frischen Brotkrümel zufügen und erneut mixen. Abschmecken und eventuell mehr Zitronensaft zufügen. Mit Salz und Pfeffer würzen.

5 Aïoli in eine Schüssel füllen und bis zum Verzehr kalt stellen. Im Kühlschrank ist die Creme bis zu 7 Tage haltbar. Um sie als Dip zu servieren, in eine kleine Schüssel füllen und mit Rohkost und blanchiertem Gemüse umgeben.

TIPP

Die verwendete Knoblauchmenge in der traditionellen provenzalischen Aïoli ist Geschmackssache. Als Faustregel gilt: 2 Zehen pro Person. Diese Version ist etwas milder, aber noch immer sehr geschmacksintensiv.

Rouille

Ergibt 175 g

ZUTATEN

60 g helles Bauernbrot vom Vortag
2 große Knoblauchzehen
2 kleine rote Chilischoten
1 Prise Salz
3 EL kaltgepresstes Olivenöl
1 EL Tomatenmark
Cayennepfeffer (nach Geschmack)
Pfeffer

1 Die Rinde vom Brot abschneiden. Das Brot in eine Schüssel geben, mit Wasser bedecken und für 30 Sekunden stehen lassen, bis es weich ist. Das Brot gründlich ausdrücken, dabei 2 Esslöffel der Flüssigkeit auffangen.

2 Knoblauch und Chilischoten grob hacken. Mit dem Salz in einen Mörser geben und zu einer Paste zerstampfen.

3 Die Knoblauch-Chili-Paste mit dem Brot in eine Schüssel geben und so lange rühren, bis alle Zutaten gut vermischt sind. Nach und nach unter ständigem Rühren das Olivenöl zugießen. Wird die Mischung zu fest, etwas von dem aufgefangenen Einweichwasser zugießen.

4 Tomatenmark unterrühren und eventuell mit Cayennepfeffer und Pfeffer abschmecken. Auf geröstetes Brot streichen und zu Meeresfrüchtesuppen servieren.

TIPP

Wenn die Creme nach einer Weile zu fest erscheint, 1 EL heißes Wasser zugießen. Ist sie zu dünn, um ein Brot zu bestreichen, noch etwas eingeweichtes Brot unterrühren.

VARIATION

Glatter wird die Rouille in einer Küchenmaschine. Eingeweichtes Brot, gehackten Knoblauch und gehackte Chilis in die Küchenmaschine geben und mixen. Olivenöl und Tomatenmark zufügen und erneut mixen. Abschmecken.

Skorthalia

Ergibt 350 g

ZUTATEN

60 g Brot vom Vortag
150 g ganze Mandeln
4–6 große Knoblauchzehen, grob gehackt
150 ml kaltgepresstes Olivenöl
2 EL Weißweinessig
Salz und Pfeffer
frischer Koriander oder frische glatte Petersilie, zum Garnieren

1 Die Rinde vom Brot entfernen und das Brot in kleine Stücke schneiden. In eine Schüssel geben, mit Wasser bedecken und für 10–15 Minuten ziehen lassen. Das Brot gründlich ausdrücken und beiseitestellen.

2 Um die Mandeln zu blanchieren, einen Kessel mit Wasser zum Kochen bringen. Die Mandeln in eine hitzebeständige Schüssel geben und mit kochendem Wasser übergießen, bis sie bedeckt sind. Für 30 Sekunden stehen lassen, dann abgießen. Die Haut sollte sich jetzt leicht abziehen lassen.

3 Mandeln und Knoblauch in eine Küchenmaschine geben und sehr fein hacken. Das Brot zufügen und zu einer glatten Masse mixen.

4 Langsam das Öl in einem dünnen Strahl zugießen, bis eine dicke Mayonnaise entsteht. Essig zugießen und erneut mixen. Mit Salz und Pfeffer abschmecken.

5 In eine Schüssel geben, abdecken und bis zum Verzehr kalt stellen. Die Skorthalia ist im Kühlschrank bis zu 4 Tage haltbar. Zum Servieren mit frischen Kräutern garnieren.

VARIATION

Es gibt viele Versionen dieser rustikalen Creme. Sie können das Brot durch 4 EL Cannellini- oder Saubohnen ersetzen oder den Weißweinessig durch frisch gepressten Zitronensaft.

1

2

3

Frische Tomatensauce

Ergibt 2 Gläser à 500 ml

ZUTATEN

- 1 kg saftige Tomaten
- 4–6 EL kaltgepresstes Olivenöl
- 2 TL Zucker
- Salz und Pfeffer
- 3 EL frisch gehacktes Basilikum oder frisch gehackte glatte Petersilie
- Nudeln, z. B. Fusilli oder Orecchiette, zum Servieren (nach Geschmack)

1 In einem Kessel Wasser zum Kochen bringen. Alle Tomaten oben kreuzweise einschneiden und in 1 oder 2 hitzebeständige Schüsseln geben. Mit kochendem Wasser übergießen und für 1 Minute stehen lassen, dann abgießen. Eventuell portionsweise arbeiten.

2 Die Haut von den Tomaten abziehen und wegwerfen, dabei über einem auf einer Schüssel ruhenden Sieb arbeiten, um den Tomatensaft aufzufangen. Alle Tomaten vierteln und die Samen entfernen. Das Fruchtfleisch grob hacken.

3 Die Tomaten mit Saft in eine Schüssel geben. 4 Esslöffel Olivenöl und den Zucker einrühren. Mit Salz und Pfeffer abschmecken. Alles vorsichtig verrühren und etwas mehr Öl zugießen, wenn die Sauce zu dick ist. Die Sauce vor dem Verzehr für mindestens 30 Minuten ruhen lassen.

4 Kurz vor dem Servieren die frischen Kräuter einrühren und mit gekochten Nudeln reichen.

TIPPS

Wenn die Tomaten nicht mehr ganz frisch sind, ist die gekochte Tomatensauce (s. S. 192) eine bessere Alternative.

Sie können die Sauce auch vorkochen und abdecken. Sie ist bis zu 3 Tage im Kühlschrank haltbar. 20 Minuten vor dem Servieren aus dem Kühlschrank nehmen und kurz vor dem Servieren die frischen Kräuter einrühren.

Gekochte Tomatensauce

Ergibt 600 ml

ZUTATEN

2 Stängel frische Petersilie
2 Stängel frischer Thymian
1 Lorbeerblatt
7,5-cm-Stück Sellerie
1 kg Tomaten
2 EL Olivenöl
1 große Knoblauchzehe, zerdrückt
100 g Schalotten, gehackt
300 ml vollmundiger Rotwein
2 Streifen Zitronenschale
½ TL Zucker
Salz und Pfeffer

1 Für ein Bouquet garni die Petersilien- und Thymianstängel sowie das Lorbeerblatt mit Küchengarn an dem Stück Sellerie festbinden. Beiseitestellen.

2 Die Tomaten grob hacken. Es ist nicht nötig, Haut und Samen zu entfernen, da diese Sauce durch eine Gemüsemühle gedreht wird, wodurch sie ganz glatt wird.

3 Das Olivenöl in einer großen abdeckbaren Pfanne oder in einem Topf erhitzen. Knoblauch und Schalotten zufügen und ca. 3 Minuten dünsten. Dabei mit einem Holzlöffel rühren, bis sie weich geworden sind.

4 Tomaten, Wein, Bouquet garni, Zitronenschale und Zucker zufügen. Mit Salz und Pfeffer abschmecken. Unter Rühren kurz aufkochen. Die Hitze reduzieren, den Deckel halb auflegen und 1 Stunde leise kochen, bis die meiste Flüssigkeit verdampft ist. Nicht austrocknen lassen.

5 Den Topf vom Herd nehmen und die Sauce leicht abkühlen lassen. Das Kräutersträußchen entfernen und die Sauce mit Zitronenschale durch eine Gemüsemühle drehen. Eventuell portionsweise arbeiten.

6 Noch einmal abschmecken. Nach Geschmack großzügig frisch geriebenen schwarzen Pfeffer einstreuen. Wird die Sauce nicht sofort serviert, abkühlen lassen, abdecken und kalt stellen. Im Kühlschrank ist sie bis zu 3 Tage haltbar.

Orzo mit Spinat & Kräutern

Für 4 Personen

ZUTATEN

1 TL Salz
250 g Orzo
200 g junger Blattspinat
150 g Rauke
25 g frische glatte Petersilie
25 g frischer Koriander
4 Frühlingszwiebeln
2 EL kaltgepresstes Olivenöl
1 EL mit Knoblauch aromatisiertes Olivenöl
Salz und Pfeffer

ZUM SERVIEREN:
Radicchio- oder andere Salatblätter
60 g Feta, gut abgetropft und zerbröckelt (nach Geschmack)
Zitronenschnitze, zum Garnieren

1 In 2 Töpfen Wasser zum Kochen bringen. 12 Eiswürfel in eine Schüssel mit kaltem Wasser geben. Salz und Nudeln in einen der Töpfe geben. Aufkochen und 8–10 Minuten oder nach Packungsanweisung kochen, bis die Nudeln weich, aber nicht zu weich sind.

2 Inzwischen die harten Stiele der Spinatblätter abschneiden. Die Blätter mehrmals gründlich auswaschen und sorgfältig den Sand entfernen. Rauke, Petersilie, Koriander und die grünen Teile der Frühlingszwiebeln grob hacken.

3 Spinat, Rauke, Petersilie, Koriander und Frühlingszwiebeln in den anderen Topf mit kochendem Wasser geben und 15 Sekunden blanchieren. Abgießen und in das Eiswasser legen, um die grüne Farbe zu erhalten.

4 Wenn Spinat, Kräuter und Frühlingszwiebeln abgekühlt sind, das überschüssige Wasser ausdrücken. Das Gemüse in eine Küchenmaschine geben und mixen. Die beiden Öle zugießen und erneut mixen, bis eine glatte Masse entsteht.

5 Die Nudeln abgießen und zu der Spinatmischung geben. Gründlich verrühren und mit Salz und Pfeffer abschmecken.

6 Eine Servierschüssel mit Radicchioblättern auslegen und die Nudeln daraufgeben. Nach Wunsch mit Feta überstreuen und mit Zitronenschnitzen garnieren. Heiß oder abgekühlt auf Zimmertemperatur servieren.

Pilaw mit Safran

Für 4–6 Personen

ZUTATEN

1 große Msp. Safran
450 ml Wasser, kochend
1 TL Salz
25 g Butter
2 EL Olivenöl
1 große Zwiebel, sehr fein gehackt
3 EL Pinienkerne
350 g Langkornreis (kein Basmati)
60 g Sultaninen oder Rosinen
6 grüne Kardamomkapseln, die Hüllen leicht zerdrückt
6 Gewürznelken
Salz und Pfeffer
frischer Koriander oder frische glatte Petersilie, sehr fein gehackt

1 Den Safran in einer trockenen Pfanne bei mittlerer Hitze unter Rühren 2 Minuten rösten, dann sofort auf einen Teller geben.

2 Das kochende Wasser in einen Messbecher gießen, Safran und Salz zufügen und für mindestens 30 Minuten stehen lassen.

3 Butter und Öl in einer Pfanne bei mittlerer Hitze erwärmen. Die Zwiebel zufügen und ca. 5 Minuten unter Rühren dünsten.

4 Die Hitze reduzieren, die Pinienkerne zugeben und unter Rühren 2 Minuten dünsten, bis sie goldbraun werden. Sie dürfen nicht anbrennen.

5 Den Reis einrühren und alle Reiskörner mit dem Fett bedecken. 1 Minute rühren, dann Sultaninen oder Rosinen, Kardamomkapseln und Gewürznelken zufügen. Das Safran-Wasser zugießen und alles aufkochen. Die Hitze reduzieren, abdecken und 15 Minuten leise kochen, ohne den Deckel abzuheben.

6 Vom Herd nehmen und weitere 5 Minuten mit Deckel ziehen lassen. Den Deckel abnehmen und überprüfen, ob der Reis gar, die gesamte Flüssigkeit absorbiert ist und die Oberfläche kleine Einkerbungen zeigt.

7 Den Reis mit einer Gabel auflockern, mit Salz und Pfeffer abschmecken, die Kräuter einrühren und servieren.

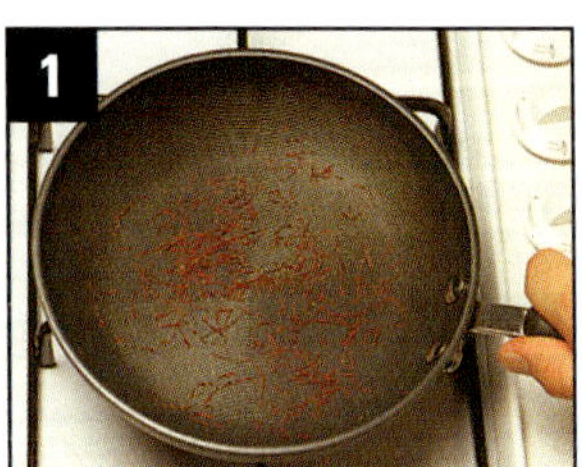

Mittelmeerbrot

Ergibt 1 Laib

ZUTATEN

400 g Mehl, plus etwas zum Bestäuben
1 Päckchen Trockenhefe
1 TL Salz
1 EL Koriandersamen, grob zerstoßen
2 TL getrockneter Oregano
200 ml Wasser, erwärmt auf 52 °C
3 EL Olivenöl, plus etwas zum Einfetten
150 g getrocknete, in Öl eingelegte Tomaten, abgetropft, trockengetupft und gehackt
75 g Feta, abgetropft, trockengetupft und gewürfelt
100 g schwarze Oliven, trockengetupft, entsteint und in Scheiben geschnitten

1 Mehl, Hefe, Salz, Koriandersamen und Oregano in einer Schüssel miteinander verrühren und eine Vertiefung in die Mitte drücken. Langsam das meiste Wasser und das Olivenöl zugießen und zu einem Teig verrühren. Nach und nach das restliche Wasser zugießen, eventuell etwas Mehl zugeben.

2 Den Teig auf eine mit Mehl bestäubte Arbeitsfläche geben und 10 Minuten kneten. Vorsichtig Tomaten, Käse und Oliven einarbeiten. Eine Schüssel auswaschen und leicht mit Öl einfetten.

3 Den Teig zu einer Kugel formen, in die Schüssel geben und einmal wenden. Die Schüssel abdecken und den Teig gehen lassen, bis er sein Volumen verdoppelt hat.

4 Den Teig auf eine mit Mehl bestäubte Arbeitsfläche geben. Einmal durchkneten und zu einem flachen Laib formen. Auf ein mit Mehl bestäubtes Backblech legen. Abdecken und gehen lassen, bis er erneut sein Volumen verdoppelt hat.

5 Die Oberfläche mit Mehl bestäuben. Mit einem Messer drei flache Schlitze auf den Laib schneiden. Im vorgeheizten Backofen bei 230 °C 20 Minuten backen. Die Hitze auf 200 °C reduzieren und weitere 20 Minuten backen, bis das Brot hohl klingt, wenn man daraufklopft. Vollständig auskühlen lassen. In einem luftdichten Behälter ist dieses Brot bis zu 3 Tage haltbar.

Sesamstangen

Ergibt 32 Stück

ZUTATEN

225 g Weizenmehl
225 g Vollkornmehl
1 Päckchen Trockenhefe
2 TL Salz
½ TL Zucker
450 ml Wasser, erwärmt auf 52 °C
4 EL Olivenöl, plus etwas zum Einfetten
1 Eiweiß, leicht verquirlt
Sesamsamen, zum Bestreuen

1 Mehl, Hefe, Salz und Zucker in einer Schüssel verrühren und eine Vertiefung in die Mitte drücken. Langsam das meiste Wasser und das Olivenöl zugießen und zu einem Teig verrühren. Nach und nach das restliche Wasser zugießen.

2 Den Teig auf eine mit Mehl bestäubte Arbeitsfläche geben und ca. 10 Minuten gründlich kneten. Die Schüssel auswaschen und mit etwas Olivenöl einfetten.

3 Den Teig zu einer Kugel formen, in die Schüssel geben und einmal wenden. Mit einem Küchentuch abdecken und gehen lassen, bis der Teig sein Volumen verdoppelt hat. Ein Backblech mit Backpapier auslegen.

4 Den Teig auf eine mit Mehl bestäubte Arbeitsfläche geben und noch einmal durchkneten. Den Teig halbieren, zu je 40 cm langen Würsten rollen und in 8 gleich lange Stücke schneiden. Jedes Stück halbieren, bis 32 kleine Teigstücke vorhanden sind.

5 Die Teigstücke abdecken und einzeln auf einer mit Mehl bestäubten Arbeitsfläche in 25 cm lange Würste rollen und vorsichtig auf das Backblech legen.

6 Abdecken und 10 Minuten gehen lassen. Die Stangen mit Eiweiß einpinseln und mit Sesamsamen bestreuen. Im vorgeheizten Backofen bei 230 °C 10 Minuten backen.

7 Erneut mit Eiweiß einpinseln und weitere 5 Minuten backen, bis die Stangen goldbraun und knusprig sind. Auf einem Grillrost abkühlen lassen.

Olivenbrötchen

Ergibt 16 Brötchen

ZUTATEN

115 g eingelegte Oliven, abgetropft
750 g Weizenmehl, plus etwas zum Bestäuben
1½ TL Salz
1 Päckchen Trockenhefe
450 ml Wasser, erwärmt auf 52 °C
2 EL kaltgepresstes Olivenöl, plus etwas zum Einpinseln
4 EL frisch gehackte Kräuter, z. B. Oregano, Thymian und Petersilie, oder 1 EL getrocknete gemischte Kräuter

1 Die Oliven entsteinen und fein hacken. Überschüssiges Öl oder Salzlake mit Küchenpapier abtupfen. Die Oliven beiseitestellen.

2 Mehl, Salz und Hefe in einer Schüssel verrühren und eine Vertiefung in die Mitte drücken. Langsam das meiste Wasser und das Öl zugießen und alles zu einem Teig verrühren. Langsam das restliche Wasser zugießen, eventuell Mehl zufügen.

3 Vorsichtig Oliven und Kräuter unter den Teig kneten. Den Teig auf eine mit Mehl bestäubte Arbeitsfläche geben und 10 Minuten gut durchkneten. Die Schüssel auswaschen und mit etwas Öl einpinseln.

4 Den Teig zu einer Kugel formen, in die Schüssel geben und einmal im Öl wenden. Mit einem Küchentuch gut abdecken und gehen lassen, bis er sein Volumen verdoppelt hat. Ein Backblech mit Mehl bestäuben.

5 Den Teig auf eine mit Mehl bestäubte Arbeitsfläche geben und vorsichtig durchkneten. In 20 cm dicke Würste rollen.

6 Den Teig in 16 gleich große Stücke schneiden. Jedes zu einem Brötchen formen und auf das Backblech legen. Abdecken und 15 Minuten gehen lassen.

7 Alle Brötchen mit etwas Olivenöl einpinseln. Im vorgeheizten Backofen bei 220 °C 25–30 Minuten backen, bis die Brötchen goldbraun sind. Auf einem Grillrost auskühlen lassen.

3

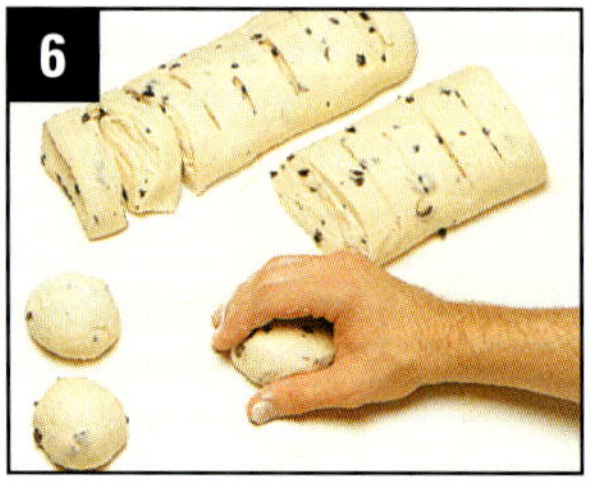
6

7

Fougasse

Ergibt 2 große Laibe

ZUTATEN

750 g Weizenmehl, plus etwas zum Kneten und Bestäuben
1 Päckchen Trockenhefe
2 TL Salz
1 TL Zucker
450 ml Wasser, erwärmt auf 52 °C
Olivenöl, zum Einfetten

1 Mehl, Hefe, Salz und Zucker in einer Schüssel verrühren und eine Vertiefung in die Mitte drücken. Langsam das meiste Wasser zugießen und alles zu einem Teig verrühren. Nach und nach das restliche Wasser zugießen. Ist der Teig zu dick, esslöffelweise Wasser einarbeiten.

2 Den Teig auf eine mit Mehl bestäubte Arbeitsfläche legen und 10 Minuten gründlich kneten, bis er glatt ist. Die Schüssel auswaschen und mit Olivenöl einpinseln. Den Teig zu einer Kugel formen, in die Schüssel geben und einmal im Öl wenden. Mit einem sauberen Küchentuch abdecken und gehen lassen, bis der Teig sein Volumen verdoppelt hat.

3 Die Faust in den Teig stecken, um das Aufgehen zu beenden, und den Teig auf einer mit Mehl bestäubten Arbeitsfläche einmal durchkneten, die Schüssel darüberstülpen und weitere 10 Minuten gehen lassen.

4 Eine Auflaufform mit Wasser füllen und während des Vorheizens auf 230 °C auf den Boden des Backofens stellen. Ein Backblech mit Mehl bestäuben.

5 Den Teig halbieren und jede Hälfte zu einem ovalen, etwa 30 cm langen und 1 cm dicken Stück ausrollen. Den Teig mit einem scharfen Messer auf der Oberfläche grätenförmig leicht einschneiden. Dann die Schnitte mit der Messerspitze vertiefen, damit die Spalten sich öffnen.

6 Die Laibe mit etwas kaltem Wasser besprenkeln. 20 Minuten backen, wenden und weitere 5 Minuten backen. Die Laibe sind gar, wenn sie beim Anklopfen hohl klingen. Auf einem Grillrost auskühlen lassen.

Kräuter-Focaccia

Ergibt 1 Laib

ZUTATEN

400 g Weizenmehl, plus etwas zum Bestäuben
1 Päckchen Trockenhefe
1½ TL Salz
½ TL Zucker
300 ml Wasser, erwärmt auf 52 °C
3 EL kaltgepresstes Olivenöl, plus etwas zum Einfetten
4 EL frisch gehackte Kräuter
Polenta- oder Maismehl, zum Bestäuben
grobes Meersalz, zum Bestreuen

1 Mehl, Hefe, Salz und Zucker in einer Schüssel verrühren und eine Vertiefung in die Mitte drücken. Langsam das meiste Wasser und 2 Esslöffel Olivenöl zugießen und zu einem Teig verrühren. Allmählich das restliche Wasser zugießen, eventuell Mehl zugeben.

2 Auf eine mit Mehl bestäubte Arbeitsfläche geben und kneten. In eine Schüssel geben, die Kräuter einarbeiten und 10 Minuten zu einem weichen Teig kneten, auf die Arbeitsfläche legen. Die Schüssel auswaschen und mit Olivenöl einfetten.

3 Den Teig zu einer Kugel formen, wieder in die Schüssel geben und einmal im Öl wenden. Mit einem Küchentuch abdecken und gehen lassen, bis der Teig sein Volumen verdoppelt hat. Ein Backblech mit etwas Polenta- oder Maismehl bestäuben.

4 Den Teig auf eine mit Mehl bestäubte Arbeitsfläche heben und durchkneten. Schüssel darüberstülpen und 10 Minuten gehen lassen.

5 Den Teig rund ausrollen, bis er einen Durchmesser von 25 cm hat und ca. 1 cm dick ist. Auf das Backblech setzen. Mit einem Küchentuch abdecken und noch einmal 15 Minuten gehen lassen.

6 Mit einem eingeölten Finger kleine Löcher in die Oberfläche drücken. Mit 1 Esslöffel Olivenöl und etwas Meersalz besprenkeln. Im vorgeheizten Backofen bei 230 °C 15 Minuten backen, bis die Focaccia goldbraun ist. Auf einem Grillrost auskühlen lassen.

Sangria

Ergibt 8–10 Gläser

ZUTATEN

1 große Orange
1 Zitrone
2 Pfirsiche
100 g Zucker oder mehr, zum Abschmecken
1 l vollmundiger spanischer Rotwein, z. B. Rioja
10-cm-Stück Gurke
Eiswürfel, zum Servieren

1 Die Orange in dünne Scheiben schneiden und diese vierteln. In einen großen Keramik- oder Glaskrug geben. Ein großes Stück Schale von der Zitrone schneiden und zu der Orange geben.

2 Die Pfirsiche bis zum Stein einmal rund einschneiden. Die beiden Hälften gegeneinanderdrehen, bis sie sich voneinander lösen. Die Steine entfernen und wegwerfen. Die Pfirsiche in Scheiben schneiden und zu den Orangen geben.

3 Den Zucker zufügen und alles verrühren. Den Wein zugießen und rühren, bis sich der Zucker gelöst hat. Abschmecken und eventuell noch etwas Zucker und 1–2 Spritzer Zitronensaft zugeben. Für mindestens 1 Stunde kalt stellen.

4 Inzwischen die Gurke in Scheiben oder lange Stifte schneiden.

5 Kurz vor dem Servieren noch einmal mit einem langen Kochlöffel durchrühren und die Früchte gegen die Krugwandung drücken, um etwas Saft herauszupressen. Eiswürfel in die Gläser geben und mit der gekühlten Sangria übergießen. Einige Fruchtstücke aus dem Krug in jedes Glas geben und mit der Gurke dekorieren. Sofort servieren.

VARIATION

Traditionell gehört Rotwein zur Sangria, doch kann dieser auch durch Weißwein ersetzt werden. Sie können auch etwas Weinbrand vor dem Kühlen zugeben. Auch Limetten passen gut in eine Sangria.

Desserts

Früchte aus dem Mittelmeerraum profitieren in ihrem Aroma von der intensiven Sonne, unter der sie langsam reifen. Sie sind saftig und schmackhaft, und ein einfacher Obstteller kann der perfekte Abschluss einer Mahlzeit sein. Zu den einfachen Rezepten, die das natürliche Aroma der Früchte nicht verfälschen, gehören z. B. reife Feigen mit einer Orangenblüten-Creme oder ein sahniges Fruchtparfait mit Pfirsichen, Aprikosen und Kirschen. Sie können auch ältere Erdbeeren als Balsamico-Erdbeeren mit Mascarpone servieren – die ungewöhnliche Kombination von Pfeffer und Balsamico-Essig wird den Früchten ein ganz neues Aroma verleihen.

Doch nicht alle mediterranen Desserts basieren auf Obst. Der Einfluss des Nahen Ostens auf die türkische und marokkanische Küche brachte sehr süße Desserts hervor, die gern zu starkem, dunklem Espresso gegessen werden. Nur wenige Desserts sind süßer als etwa Baklava, geschichtet aus hauchdünnem Teig, gefüllt mit gezuckerten Nüssen und mit Zuckersirup übergossen. Einfacher und bekannter ist der sahnige und mit Zitrone aromatisierte Milchreis aus Griechenland.

Die Italiener sind berühmt für ihr exzellentes Eis, versuchen Sie das Lavendel-Eis oder das Pfefferminz-Schokoladen-Eis. Eiligen empfehlen wir das italienisch ertrunkene Eis – hausgemachtes Vanilleeis übergossen mit heißem Espresso.

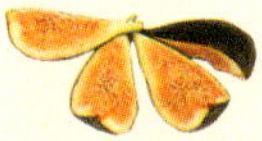

Balsamico-Erdbeeren mit Mascarpone

Für 4 Personen

ZUTATEN

450 g frische Erdbeeren
2–3 Esslöffel Balsamico-Essig
Pfeffer
frische Minzeblätter, gezupft, plus etwas zum Garnieren (nach Geschmack)
115–175 g Mascarpone

1 Die Erdbeeren mit einem feuchten Tuch sauber abwischen, nicht unter Wasser waschen. Mit einem Küchenmesser die Blätter abschneiden und mit der Messerspitze den Stielansatz entfernen.

2 Die Erdbeeren längs halbieren, große Früchte vierteln und alle in eine Schüssel geben.

3 Den Essig – ½ Esslöffel pro Person – zugeben. Wenig Pfeffer darübermahlen und alles vorsichtig verrühren. Mit Frischhaltefolie abdecken und für mindestens 4 Stunden kalt stellen.

4 Kurz vor dem Servieren die Minze unterrühren. Den Mascarpone auf einzelne Dessertschälchen verteilen und die Beeren darübergeben. Nach Geschmack mit einigen Minzeblättern garnieren und noch einmal mit Pfeffer bestreuen.

VARIATION

Sie können den Mascarpone auch durch selbst gemachtes (s. S. 228) oder gekauftes Vanilleeis bzw. Erdbeereis ersetzen.

TIPP

Am besten schmeckt dieses Dessert mit einem sehr hochwertigen, langsam gereiften, dunklen und sirupartigen Balsamico-Essig. Leider ist er sehr teuer. Billigere Versionen sind meist künstlich gesüßt, gefärbt oder karamellisiert, oder sie schmecken nach scharfem Essig.

Feigen mit Orangenblüten-Creme

Für 4 Personen

ZUTATEN

8 große frische Feigen
4 große frische Feigenblätter, gewaschen und trockengetupft

CRÈME FRAÎCHE:
2 EL Buttermilch
300 ml Crème double

ORANGENBLÜTEN-CREME:
125 ml Crème fraîche
ca. 4 EL Orangenblüten-Wasser
1 TL Orangenblüten-Honig
abgeriebene Schale von ½ Orange
2 EL Mandelblättchen, zum Garnieren (nach Geschmack)

1 Die selbst gemachte Crème fraîche zumindest einen Tag vorher zubereiten. Die Buttermilch in ein Glas mit Schraubdeckel gießen, die Crème double zugießen, fest zuschrauben und kräftig schütteln. Für 6–8 Stunden bei Zimmertemperatur stehen lassen, dann für mindestens 8 Stunden in den Kühlschrank stellen. Die Crème fraîche ist bis zu 4 Tage haltbar. Danach wird sie bitter. Vor dem Verzehr leicht aufschlagen.

2 Für die Garnierung eine trockene Pfanne bei mittlerer Hitze erwärmen, die Mandeln zufügen und unter Rühren leicht bräunen. Sie dürfen nicht verbrennen. Sofort aus der Pfanne nehmen und beiseitestellen.

3 Für die Orangenblüten-Creme die Crème fraîche in eine kleine Schüssel geben. 4 Esslöffel Orangenblüten-Wasser, Honig und Orangenschale einrühren. Abschmecken und eventuell noch etwas Orangenblüten-Wasser zufügen.

4 Zum Servieren die Stielansätze der Feigen abschneiden, die Früchte aber nicht schälen. Die Feigen mit dem spitzen Ende nach oben aufrecht hinstellen. Jede Feige vierteln, ohne sie ganz durchzuschneiden, und zu einer „Blüte" öffnen.

5 Die Feigenblätter mittig auf die einzelnen Teller legen. Je 2 Feigen auf ein Blatt stellen und mit einem Löffel etwas Orangenblüten-Creme neben den Feigen arrangieren. Die Creme kurz vor dem Servieren eventuell mit den gerösteten Mandeln bestreuen.

Orangen in pikantem Karamell

Für 4 Personen

ZUTATEN

4 große saftige Orangen
4–6 Esslöffel Pistazien, geschält und gehackt

PIKANTER KARAMELL:
250 g Zucker
5 schwarze Pfefferkörner, grob zerstoßen
4 Gewürznelken
1 grüne Kardamomkapsel, grob zerstoßen
300 ml Wasser

1 Für den Karamell Zucker, Pfefferkörner, Gewürznelken, Kardamomkapsel und 150 ml Wasser in einen Topf geben und bei mittlerer Hitze so lange rühren, bis der Zucker gelöst ist. Dann bei stärkerer Hitzezufuhr aufkochen und nicht rühren, bis der Sirup eingedickt ist und eine braune Färbung erlangt hat. Eventuell mit einem nassen Pinsel den Sirup von der Topfwandung schaben.

2 Sehr vorsichtig die restlichen 150 ml Wasser zugießen. Dabei Abstand halten, da es spritzen kann. Den Topf vom Herd nehmen und mit einem langstieligen Kochlöffel so lange rühren, bis der gesamte Karamell gelöst ist.

3 Die Orangen schälen und die weiße Haut entfernen, dabei darauf achten, dass die Orangen ihre Form behalten. Die Filets aus den Häutchen herausschneiden. Dabei über einer Schüssel arbeiten, um den Saft aufzufangen. Alle Filets in die Schüssel geben.

4 Mit dem Karamellsirup übergießen und verrühren. Abdecken und bis zum Verzehr kalt stellen. In einzelnen Schälchen servieren. Kurz vorher mit Pistazien garnieren.

VARIATION

Machen Sie aus diesem spanischen Dessert ein sizilianisches, indem Sie Blutorangen verwenden, von denen viele auf der Insel reifen.

Sahniges Fruchtparfait

Für 4–6 Personen

ZUTATEN

225 g frische saftige Kirschen
2 große Pfirsiche
2 große Aprikosen
700 ml griechischer Joghurt (s. S. 182) oder fester Naturjoghurt
60 g Walnusshälften
2 EL Blütenhonig
frische Johannis- oder andere Beeren, zum Garnieren

1 Mit einem Oliven- oder Kirschentkerner die Kirschkerne entfernen. Die Kirschen halbieren. Aprikosen und Pfirsiche längs halbieren, die Steine entfernen und das Fruchtfleisch fein hacken.

2 Kirschen, Pfirsiche und Aprikosen in einer Schüssel vorsichtig verrühren.

3 Ein Drittel des Joghurts in eine Servierschüssel geben und die Hälfte der Obstmischung darüberlöffeln.

4 Mit je einer Schicht Joghurt und Obst wiederholen und den restlichen Joghurt darübergeben.

5 Die Walnüsse in einer Küchenmaschine grob hacken und über den Joghurt streuen.

6 Den Honig über dem Dessert verteilen. Die Schüssel mit Frischhaltefolie abdecken und für mindestens 1 Stunde kalt stellen. Nach Wunsch kurz vor dem Servieren mit Johannisbeeren garnieren.

VARIATION

Sie können die Früchte auch je nach Saison variieren. Beeren, Feigen, kernlose Trauben oder Melonen schmecken in diesem Dessert ebenso köstlich. Im Winter können Sie das frische Obst durch ein Kompott aus getrockneten Früchten ersetzen: Getrocknete Äpfel, Aprikosen, Datteln und Feigen in Orangensaft einlegen, aufquellen lassen und dann nach Rezept verarbeiten.

1

3

5

Pfirsiche mit Amaretto-Mascarpone

Für 4–6 Personen

ZUTATEN

8–12 reife Pfirsiche
1 große Limette
450 ml fruchtiger, trockener Weißwein
1 EL schwarze Pfefferkörner, grob zerstoßen
7,5-cm-Stück Zimt, längs halbiert
Schale von 1 Zitrone, fein geraspelt
100 g Zucker
frische Minzestängel, zum Garnieren

AMARETTO-MASCARPONE-CREME:
2 EL Amaretto oder mehr, zum Abschmecken
250 g Mascarpone

1 Eine große Schüssel mit Eiswasser füllen. In einem großen Topf Wasser zum Kochen bringen. Die Pfirsiche zufügen und 1 Minute kochen. Mit einem Schaumlöffel herausheben und sofort in das Eiswasser legen.

2 Die Limette über einer mit Wasser gefüllten Schüssel auspressen und die Fruchtstücke zugeben. Die Pfirsiche schälen, vierteln und die Steine entfernen. Die Früchte in das Limettenwasser geben, abdecken und für 24 Stunden kalt stellen.

3 Inzwischen für die Amaretto-Mascarpone-Creme Amaretto und Mascarpone verrühren, abdecken und kalt stellen.

4 Wein, Pfefferkörner, Zimt, Zitronenschale und Zucker in einen Topf geben und bei mittlerer Hitze rühren, bis der Zucker gelöst ist.

5 Den Sirup 2 Minuten kochen. Die Pfirsiche zugeben und 2 Minuten unter Rühren erhitzen, bis sie weich sind (sie dürfen nicht zerfallen).

6 Die Pfirsiche mit einem Schaumlöffel herausheben und in eine Schüssel geben. Den Sirup aufkochen und auf ca. 125 ml reduzieren lassen. In eine hitzebeständige Schüssel gießen und abkühlen lassen. Dann über die Pfirsiche gießen. Abdecken und bis zum Verzehr kalt stellen. Kurz vor dem Servieren mit Minzestängeln garnieren.

Cremiger Milchreis mit Zitrone & Pistazien

Für 4 Personen

ZUTATEN

1 TL Speisestärke
850 ml Milch, plus 2 EL
125 g Kurzkornreis
ca. 2 EL Zucker oder 1 EL Honig, zum Abschmecken
abgeriebene Schale von 1 großen Zitrone
frisch gepresster Zitronensaft, zum Abschmecken
50 g Pistazien, geschält und gehackt

1 Die Speisestärke mit 2 Esslöffeln Milch verrühren, bis keine Klümpchen mehr verblieben sind. Einen Topf mit kaltem Wasser ausspülen, nicht abtrocknen.

2 Die restliche Milch mit der angerührten Speisestärke in den Topf geben und bei mittlerer Hitze erwärmen. Unter gelegentlichem Rühren zum Köcheln bringen. Die Milch darf nicht sprudelnd kochen.

3 Den Reis einrühren, die Hitze reduzieren und unter Rühren 20 Minuten köcheln, bis die Flüssigkeit bis auf 2 Esslöffel verdampft und der Reis weich ist.

4 Vom Herd nehmen und in eine hitzebeständige Schüssel füllen. Mit Zucker oder Honig abschmecken und die Zitronenschale unterrühren. Nach Wunsch etwas Zitronensaft zugeben und vollständig auskühlen lassen.

5 Die Reisoberfläche gut mit Frischhaltefolie abdecken und für mindestens 1 Stunde in den Kühlschrank stellen – je kälter der Reis ist, desto besser schmeckt er zu frischen Früchten.

6 Zum Servieren den Milchreis in einzelnen Schälchen anrichten und mit Pistazien garnieren.

TIPP

Es ist wichtig, den Topf in Schritt 1 auszuspülen, damit die Milch nicht anbrennt.

Spanischer Flan

Für 4–6 Personen

ZUTATEN

Butter, zum Einfetten
175 g Zucker
4 EL Wasser
Saft von ½ Zitrone
500 ml Milch
1 Vanilleschote
2 große Eier
2 große Eidotter

1 Eine Souffléform (1,2 Liter) leicht mit Butter einfetten. Für den Karamell 75 g Zucker und das Wasser in einem Topf bei mittlerer Hitze aufkochen und rühren, bis der Zucker gelöst ist. Kochen, bis der Sirup goldbraun wird.

2 Sofort vom Herd nehmen und einige Tropfen Zitronensaft zugeben. In die Souffléform gießen und gut verteilen. Beiseitestellen.

3 Die Milch in einen Topf gießen. Die Vanilleschote längs aufschlitzen und zufügen. Aufkochen, vom Herd nehmen und den restlichen Zucker einrühren, bis er gelöst ist. Beiseitestellen.

4 Eier und Eidotter in einer Schüssel verquirlen. Die Vanillemilch zugießen und alles gründlich schlagen. Die Vanilleschote entfernen. Die Mischung in eine Schüssel sieben und dann in die Souffléform gießen.

5 Die Form in eine Auflaufform stellen, die mit so viel Wasser gefüllt ist, dass die Souffléform zu zwei Dritteln von Wasser umgeben ist.

6 Im vorgeheizten Backofen bei 160 °C etwa 75–90 Minuten backen, bis an einem ins Soufflé gestochenen Messer nichts haften bleibt. Vollständig auskühlen lassen. Mit Frischhaltefolie abdecken und für mindestens 24 Stunden in den Kühlschrank stellen.

7 Mit einem Messer den Flan von den Seiten der Form lösen. Einen großen Servierteller umgedreht auf die Form legen und beides mit Schwung wenden. Die Souffléform abheben und servieren.

TIPP

Der Zitronensaft wird in Schritt 2 zugegeben, um den Kochvorgang zu beenden, damit der Karamell nicht anbrennt.

Katalanische Orangencreme

Für 8 Personen

ZUTATEN

1 l Milch	9 große Eidotter	3 EL Speisestärke
abgeriebene Schale von 6 großen Orangen	200 g Zucker, plus etwas mehr für die Kruste	

1 Milch und Orangenschale in einem Topf bei mittlerer Hitze erwärmen. Aufkochen, vom Herd nehmen, abdecken und für 2 Stunden kalt stellen.

2 Die Milch wieder auf den Herd stellen und 10 Minuten köcheln. Eidotter und Zucker in eine hitzebeständige Schüssel geben und diese auf einen Topf mit kochendem Wasser stellen. Schlagen, bis die Masse cremig und der Zucker gelöst ist.

3 5 Esslöffel der aromatisierten Milch mit der Speisestärke glatt verrühren und zur Milch geben. Die Milch durch ein Sieb zur Eiercreme gießen und alles zu einer glatten Masse schlagen.

4 Den Topf ausspülen und den Boden mit Wasser bedecken. Die Schüssel so daraufstellen, dass der Schüsselboden nicht im Wasser steht. Bei mittlerer Hitze so lange rühren, bis die Creme am Löffelrücken haften bleibt. Es kann 20 Minuten dauern. Nicht kochen.

5 Die Creme in 8 Ramequin-Förmchen (150 ml) gießen und abkühlen lassen. Jedes Förmchen mit Frischhaltefolie abdecken und für mindestens 6 Stunden in den Kühlschrank stellen.

6 Kurz vor dem Servieren auf jedes Förmchen eine Schicht Zucker geben, mit einem Flambierer überbräunen und karamellisieren. Den Karamell aushärten lassen, dann sofort servieren. Nicht wieder in den Kühlschrank stellen.

TIPP

Mit einem Flambierer kann man den Zucker am besten überbräunen und erhält eine knusprige Kruste. Er ist in gut sortierten Haushaltswarengeschäften erhältlich. Alternativ kann der Zucker unter dem vorgeheizten Grill überbräunt werden.

Italienisch ertrunkenes Eis

Für 4–6 Personen

ZUTATEN

VANILLE-EIS:
1 Vanilleschote
6 große Eidotter
150 g Zucker oder mit Vanille aromatisierter Zucker (s. S. 254)
500 ml Milch
250 ml Crème double
ca. 450 ml frisch gekochter Espresso
Kaffeebohnen mit Schokoladenüberzug, zum Garnieren

1 Für das Vanilleeis die Vanilleschote längs aufschlitzen, die kleinen braunen Samen auskratzen und die Schote beiseitelegen.

2 Eidotter und Zucker in eine hitzebeständige Schüssel geben und cremig aufschlagen.

3 Milch, Crème double und Vanilleschote in einen Topf geben und bei mittlerer Hitze aufkochen. Die Milch über die Eiercreme gießen und weiterschlagen. Den Boden eines großen Topfes 2,5 cm hoch mit Wasser bedecken und die Schüssel so daraufstellen, dass der Schüsselboden nicht im Wasser steht. Den Herd auf mittlere Hitze stellen.

4 Die Mischung über dem Wasser so lange rühren, bis sie am Löffelrücken haften bleibt. Vom Herd nehmen und abkühlen lassen.

5 Die Mischung in eine Eismaschine geben und den Anweisungen des Herstellers folgen. Alternativ in eine Tiefkühldose füllen und für 1 Stunde ins Tiefkühlfach geben. In eine Schüssel füllen und rühren, um die Eiskristalle zu lösen. Wieder ins Gefrierfach geben. Viermal in 30-Minuten-Intervallen wiederholen.

6 Die Eiscreme in eine Tiefkühldose füllen, die Oberfläche glätten und mit Frischhalte- oder Alufolie abdecken. Tiefgefroren ist sie bis zu 3 Monate haltbar.

7 Vor dem Servieren 20 Minuten im Kühlschrank weich werden lassen. Das Eis auf einzelne Schälchen verteilen. Mit heißem Kaffee übergießen und mit den Schokoladen-Kaffeebohnen dekorieren.

Pfefferminz-Schokoladen-Eis

Für 4–6 Personen

ZUTATEN

6 große Eier
150 g Zucker
300 ml Milch
150 ml Crème double
1 Hand voll frische Minzeblätter, gewaschen und trockengetupft
2 Tropfen grüne Lebensmittelfarbe (nach Geschmack)
60 g Bitterschokolade, fein gehackt

1 Eier und Zucker in einer großen Schüssel mit dem elektrischen Handrührgerät cremig aufschlagen.

2 Milch und Crème double in einem Topf unter Rühren erhitzen, bis die Flüssigkeit an den Rändern Blasen wirft. Die Ei-Zucker-Mischung unter ständigem Rühren zugießen. In eine Schüssel geben, den Topf auswaschen und die Hitze reduzieren.

3 Die Mischung wieder in den Topf geben und unter ständigem Rühren leise kochen, bis sie so dick ist, dass sie am Löffelrücken haften bleibt und sich mit dem Finger teilen lässt.

4 Die Minzeblätter zupfen und unter die Eiercreme rühren. Vom Herd nehmen, abkühlen lassen und für mindestens 2 Stunden ruhen lassen. Für die letzten 30 Minuten in den Kühlschrank stellen.

5 Die Mischung durch ein feines Sieb gießen, um alle Minzestückchen zu entfernen. Eventuell die Lebensmittelfarbe einrühren. Für 20 Minuten in eine Eismaschine geben und die Schokolade zufügen, wenn die Mischung fest und fast gefroren ist. Alternativ wie in Schritt 5 auf Seite 228 beschrieben verfahren.

6 Das Eis in eine Tiefkühldose füllen, die Oberfläche glätten und mit Frischhalte- oder Alufolie abdecken. Tiefgefroren ist das Eis bis zu 3 Monate haltbar. 20 Minuten vor dem Servieren im Kühlschrank weich werden lassen.

1

3

4

Lavendel-Eis

Für 6–8 Personen

ZUTATEN

Blüten von 10–12 großen Lavendelstängeln, plus etwas zum Garnieren
6 große Eidotter
150 g Zucker oder Lavendelzucker (s. Tipp)
500 ml Milch
250 ml Crème double
5 Tropfen Vanillearoma

1 Die Lavendelblüten von den Stielen streifen, dabei grüne oder braune Stellen aussortieren. Die Blüten in ein Sieb geben, ausspülen, mit Küchenpapier trockentupfen und beiseitestellen.

2 Eidotter und Zucker in eine hitzebeständige Schüssel geben und mit dem elektrischen Handrührgerät cremig aufschlagen.

3 Milch, Crème double und Vanillearoma in einem Topf bei mittlerer Hitze unter Rühren zum Kochen bringen. Die heiße Milch unter ständigem Rühren zu den Eiern gießen. Den Topf ausspülen und den Boden 2,5 cm hoch mit Wasser bedecken. Die Schüssel so daraufstellen, dass der Schüsselboden nicht im Wasser steht. Den Herd auf mittlere Hitze schalten.

4 Die Mischung so lange rühren, bis sie am Löffelrücken haften bleibt.

5 Die Eiercreme vom Herd nehmen und die Blüten einrühren. Abkühlen lassen, abdecken und für mindestens 2 Stunden ruhen lassen. Die letzten 30 Minuten kühl stellen. Die Mischung durch ein feines Sieb gießen, um alle Blüten zu entfernen.

6 In eine Eismaschine geben und den Anweisungen des Herstellers folgen. Alternativ siehe Schritt 5 auf Seite 228.

7 Das Eis in eine Tiefkühldose füllen, die Oberfläche glätten und mit Alufolie abdecken. Tiefgefroren ist das Eis bis zu 3 Monate haltbar. 20 Minuten vor dem Servieren im Kühlschrank weich werden lassen und mit frischen Lavendelblüten dekorieren.

TIPP

Für den Lavendelzucker 500 g Zucker und 125 g Lavendelblüten in einer Küchenmaschine mixen. In einem verschlossenen Behälter 10 Tage stehen lassen. Die Blüten aussieben und den Zucker in einem verschließbaren Glas aufbewahren.

Orangen-Bitter-Sorbet

Für 4–6 Personen

ZUTATEN

3–4 große Orangen
225 g Zucker
600 ml Wasser
3 EL roter italienischer Bitterlikör, z. B. Campari
2 große Eiweiß
frische Minzeblätter und kandierte Zitrusschalen (s. S. 178), zum Garnieren

1 Von 3 Orangen die Schale abreiben, ohne die weiße Haut zu entfernen. Dabei über einer Schüssel arbeiten, um den Saft aufzufangen. Eventuell weiße Haut auf der Schale mit einem Messer entfernen.

2 In einem Topf bei mittlerer Hitze den Zucker unter Rühren im Wasser lösen. Unter stärkerer Hitzezufuhr 2 Minuten kochen, ohne zu rühren. Eventuell mit einem nassen Pinsel den Sirup von der Topfwandung bürsten.

3 Den Topf vom Herd nehmen und den Sirup in eine hitzebeständige, metallfreie Schüssel gießen. Die Orangenschale zufügen und ruhen lassen, bis der Sirup abgekühlt ist.

4 Die geschälten Orangen mit festem Druck auf der Arbeitsplatte hin- und herrollen. Halbieren und 125 ml Saft auspressen. Eventuell eine zusätzliche Orange auspressen.

5 Orangensaft und Campari unter den kalten Sirup rühren. Durch ein Sieb in einen Behälter gießen und für mindestens 30 Minuten kalt stellen.

6 Die Mischung in eine Eismaschine geben und 15 Minuten gefrieren lassen. Alternativ wie in Schritt 5 auf Seite 228 beschrieben verfahren. Das Eiweiß in einer sauberen Schüssel steif schlagen.

7 Das Eiweiß unter das Eis heben und weitere 5 Minuten oder nach Anweisung des Herstellers gefrieren. In eine Tiefkühldose geben und abdecken. Das Eis ist tiefgefroren bis zu 2 Monate haltbar.

8 15 Minuten vor dem Servieren im Kühlschrank weich werden lassen. In Schälchen geben und mit Minzeblättern oder kandierten Zitrusschalen garnieren.

4

5

7

Zitronen-Granita

Für 4–6 Personen

ZUTATEN

4 große Zitronen
100 g Zucker
700 ml Wasser
ausgehöhlte Zitronen (nach Geschmack)
frische Minzestängel, zum Garnieren (nach Geschmack)

1 Von 1 Zitrone die Schale in 6 feinen Streifen abschneiden. Die Schale der anderen Zitronen abreiben, dabei die weiße Haut an den Früchten belassen.

2 Die Zitronen auf der Arbeitsfläche mit festem Druck hin- und herrollen. Halbieren und 125 ml Saft auspressen. Die geriebene Schale zum Saft geben und beiseitestellen.

3 Die Streifen der Zitronenschale, Zucker und Wasser in einen Topf geben und bei mittlerer Hitze rühren, bis der Zucker gelöst ist. Bei starker Hitzezufuhr 4 Minuten kochen, ohne zu rühren. Vom Herd nehmen, in eine metallfreie Schüssel gießen und abkühlen lassen.

4 Die Schalenstreifen herausnehmen und den Zitronensaft einrühren. In einen flachen Behälter geben und abdecken. Tiefgefroren ist die Granita bis zu 3 Monate haltbar.

5 Zum Servieren den Behälter auf ein Küchenbrett stürzen. Ein Küchentuch in heißes Wasser legen, auswringen und 15 Sekunden über den Boden des Behälters reiben. Den Behälter kurz schütteln. Die Mischung sollte herausfallen. Eventuell wiederholen.

6 Die Granita mit einem Messer stückeln und in eine Küchenmaschine geben. Auf höchster Stufe mixen, bis sie körnig wird. Sofort in gekühlten Schalen oder ausgehöhlten Zitronen servieren. Nach Wunsch mit Minze garnieren.

VARIATION

Mit Zitrone aromatisierte Kräuter geben einen unvergesslichen Geschmack. Geben Sie in Schritt 3 etwas Zitronenthymian zum Sirup. Mit den Schalenstreifen in Schritt 4 entfernen.

Espresso-Granita

Für 4–6 Personen

ZUTATEN

200 g Zucker
600 ml Wasser
3 Tropfen Vanillearoma
600 ml starker Espresso, abgekühlt
frische Minze, zum Garnieren

1 Zucker und Wasser in einen Topf geben und den Zucker bei mittlerer Hitze unter Rühren lösen. Bei starker Hitzezufuhr 4 Minuten kochen, ohne zu rühren. Eventuell mit einem nassen Pinsel den Sirup von der Topfwandung bürsten.

2 Den Topf vom Herd nehmen und den Sirup in eine hitzebeständige, metallfreie Schüssel gießen. Die Spüle mit etwas Eiswasser füllen und die Schüssel hineingeben, um das Abkühlen zu beschleunigen. Vanillearoma und Kaffee einrühren und vollständig auskühlen lassen.

3 In einem flachen Metallbehälter und abgedeckt ist die Mischung tiefgefroren bis zu 3 Monate haltbar.

4 Die Servierschälchen 30 Minuten vor dem Servieren im Kühlschrank kalt stellen.

5 Zum Servieren den Behälter auf ein Küchenbrett stürzen. Ein Küchentuch in heißes Wasser legen, auswringen und 15 Sekunden über den Boden des Behälters reiben. Den Behälter kurz schütteln. Die Mischung sollte nun herausfallen. Eventuell wiederholen.

6 Die Granita mit einem Messer stückeln und in eine Küchenmaschine geben. Auf höchster Stufe mixen, bis sie körnig wird. Sofort in gekühlten Schalen servieren. Nach Wunsch mit Minze garnieren.

TIPP

Für diese italienische Spezialität eignet sich nur dunkler, vollaromatischer Espresso. Jeder andere Kaffee verliert beim Gefrieren sein Aroma.

2

3

6

Italienischer Käsekuchen

Für 6–8 Personen

ZUTATEN

50 g Sultaninen
3 EL Marsala oder Grappa
Butter, zum Einfetten
Grieß, zum Bestäuben
350 g Ricotta, abgetropft
3 große Eidotter, verquirlt
100 g Zucker

2 EL Grieß
3 EL Zitronensaft
25 g kandierte Orangenschale, selbst gemacht (s. S. 178) oder gekauft, fein gehackt
abgeriebene Schale von 2 großen Zitronen

GARNIERUNG:
Puderzucker
Minzestängel
frische Johannis- oder andere Beeren (nach Geschmack)

1 Die Sultaninen in Marsala oder Grappa für ca. 30 Minuten einweichen, bis sie die Flüssigkeit aufgenommen haben.

2 Inzwischen aus Backpapier einen Kreis ausschneiden, der genau in den Boden einer runden Springform (20 cm Durchmesser) passt. Die Springform einfetten und mit dem Papier auslegen. Mit etwas Grieß bestäuben und überschüssiges Mehl ausschütteln.

3 Den Ricotta mit einem Holzlöffel durch ein Sieb in eine Schüssel drücken. Eidotter, Zucker, Grieß und Zitronensaft zufügen und zu einer glatten Masse verrühren.

4 Sultaninen, Orangen- und Zitronenschale unterrühren und alles in die Springform füllen. Die Oberfläche glätten.

5 Den Käsekuchen auf mittlerer Stufe im vorgeheizten Backofen bei 180 °C 30–40 Minuten backen, bis er fest wird und sich etwas von den Rändern der Form löst.

6 Den Ofen ausschalten und die Tür öffnen. Den Käsekuchen 2–3 Stunden im Ofen abkühlen lassen. Zum Servieren aus der Form lösen und auf eine Platte setzen. Mit reichlich Puderzucker bestäuben und nach Wunsch mit Minze und Johannisbeeren garnieren.

Zitronen-Tarte

Für 6–8 Personen

ZUTATEN

abgeriebene Schale von 2–3 großen Zitronen
150 ml Zitronensaft
100 g Zucker
125 ml Crème double oder Crème fraîche
3 große Eier
3 große Eidotter
Puderzucker, zum Bestäuben

BODEN:
175 g Mehl
½ TL Salz
115 g Butter, gewürfelt
1 Eidotter, verrührt mit 2 EL eiskaltem Wasser

1 Für den Boden Mehl und Salz in eine Schüssel sieben. Mit den Fingerspitzen die Butter einrühren, bis die Mischung aus feinen Krümeln besteht. Eidotter und Wasser zugießen und zu einem Teig verrühren.

2 Den Teig zu einer Kugel formen, in Frischhaltefolie einwickeln und für mindestens 1 Stunde in den Kühlschrank stellen. Den Teig auf einer leicht mit Mehl bestäubten Oberfläche ausrollen. In eine gerillte Tarteform (25 cm Durchmesser) geben. Den Teig mit einer Gabel überall einstechen, mit Backpapier abdecken und Backbohnen darauf verteilen.

3 Im vorgeheizten Backofen bei 200 °C backen, bis der Boden fest ist. Papier und Bohnen entfernen. Den Ofen auf 190 °C herunterschalten.

4 Zitronenschale, -saft und Zucker verrühren. Langsam die Crème double oder die Crème fraîche unterrühren. Die Eier und Eidotter einzeln nacheinander unterrühren.

5 Den Kuchen auf ein Backblech setzen und die Füllung zugießen. Den Kuchen in den heißen Ofen schieben und 20 Minuten backen, bis die Füllung fest ist.

6 Auf einem Kuchengitter vollständig auskühlen lassen. Die Tarte mit Puderzucker bestäuben und eventuell mit kandierten Zitrusschalen (s. S. 178) servieren.

1

2

4

Schokoladen-Tartlets mit Pinienkernen

Ergibt 8 Tartlets

ZUTATEN

60 g Kuvertüre mit mindestens 70 % Kakaogehalt
60 g Butter
175 g Zucker
75 g hellbrauner Zucker
6 EL Milch
3½ EL Sirup
abgeriebene Schale von 2 großen Orangen
2 EL frisch gepresster Orangensaft
5 Tropfen Vanillearoma
3 große Eier, leicht verquirlt
100 g Pinienkerne

BODEN:
250 g Mehl
1 Prise Salz
100 g Butter
115 g Puderzucker
1 großes Ei
2 große Eidotter

1 Für den Boden Mehl und Salz in eine Schüssel sieben. In die Mitte eine Vertiefung drücken und Butter, Puderzucker, Ei und Eidotter hineingeben. Mit den Fingerspitzen die Zutaten zu einer Paste vermischen.

2 Nach und nach das Mehl einarbeiten, bis ein weicher Teig entsteht. Rasch kneten, dann zu einer Kugel formen, mit Frischhaltefolie einwickeln und für mindestens 1 Stunde kalt stellen.

3 Den Teig ausrollen und 8 Kreise (15 cm Durchmesser) formen. 8 Tartlet-Formen (10 cm) mit den Teigkreisen auslegen. Zurechtgeschnittene Kreise aus Backpapier auflegen und mit Backbohnen beschweren. 10 Minuten kalt stellen.

4 Im vorgeheizten Backofen bei 200 °C 5 Minuten backen. Papier und Bohnen entfernen und weitere 8 Minuten backen. Auf einem Kuchengitter abkühlen lassen. Den Ofen auf 180 °C herunterschalten.

5 Inzwischen die Kuvertüre in Stücke brechen und bei mittlerer Hitze in einem Topf schmelzen. Butter zufügen und verrühren.

6 Die restlichen Zutaten einrühren. Die Tartlets auf ein Backblech setzen und mit der Schokoladenmasse füllen. 25–30 Minuten backen, bis sich die Füllung fest anfühlt. Werden die Tartlets zu dunkel, in den letzten 5 Minuten mit Backpapier abdecken. Die Tartlets mindestens 15 Minuten auf einem Kuchengitter abkühlen lassen, dann erst aus der Form lösen. Warm oder bei Zimmertemperatur (nicht gekühlt) servieren.

Baklava

Ergibt 25 Stück

ZUTATEN

300 g Walnusshälften
200 g geschälte Pistazien
100 g geschälte Mandeln
4 EL Pinienkerne, fein gehackt
abgeriebene Schale von
2 großen Orangen
6 EL Sesamsamen
1 EL Zucker

½ TL gemahlener Zimt
½ TL gemahlene gemischte Kräuter
ca. 300 g Butter, zerlassen
23 Lagen Frühlingsrollenteig, in Quadraten zu 25 cm, Tiefkühlware auftauen

SIRUP:
600 g Zucker
500 ml Wasser
5 EL Honig
3 Gewürznelken
2 große Streifen Zitronenschale

1 Walnüsse, Pistazien, Mandeln und Pinienkerne in einer Küchenmaschine mixen, bis sie fein gehackt, aber nicht gemahlen sind. In eine Schüssel geben und mit Orangenschale, Sesamsamen, Zucker, Zimt und Kräutern verrühren.

2 Eine 5 cm hohe, quadratische Auflaufform (25 cm) mit Butter einfetten. Die aufgeschichteten Teigblätter mit einem Spatel voneinander lösen und mit einem feuchten Küchentuch abdecken.

3 Ein Teigblatt auf den Boden der Form geben und mit der Butter einpinseln. 7 weitere Teigblätter aufschichten und jedes mit Butter einpinseln.

4 125 g der Füllung darübergeben. 3 weitere Teigblätter auflegen und jedes mit Butter einpinseln. In dieser Reihenfolge weiterschichten, bis Füllung und Teig aufgebraucht sind. Mit 3 Teigblättern abschließen und mit Butter einpinseln.

5 Mit einem sehr scharfen Messer 25 gleich große Quadrate schneiden. Erneut mit Butter einpinseln und im vorgeheizten Backofen bei 160 °C 1 Stunde backen.

6 Inzwischen alle Zutaten für den Sirup in einen Topf geben und unter Rühren den Zucker lösen. Aufkochen und 15 Minuten, ohne zu rühren, leise kochen, bis ein zäher Sirup entsteht. Abkühlen lassen.

7 Die Baklava aus dem Ofen nehmen und mit Sirup übergießen. In der Form auskühlen lassen.

Cannoli

Ergibt 20 Rollen

ZUTATEN

3 EL Zitronensaft
3 EL Wasser
1 großes Ei
250 g Mehl
1 EL Zucker
1 TL gemahlene gemischte Kräuter
1 Prise Salz
25 g weiche Butter
Sonnenblumenöl, zum Frittieren
1 kleines Eiweiß, leicht geschlagen
Puderzucker

FÜLLUNG:
750 g Ricotta, abgetropft
4 EL Puderzucker
5 Tropfen Vanillearoma
abgeriebene Schale von 1 großen Orange
4 EL fein gehackte kandierte Früchte
50 g Schokolade, gerieben
1 Prise gemahlener Zimt
2 EL Marsala oder Orangensaft

1 Zitronensaft, Wasser und Ei verrühren. Mehl, Zucker, Kräuter und Salz in einer Küchenmaschine (höchste Stufe) mixen. Butter zufügen und bei laufendem Mixer die Eiermischung zugießen, bis ein glatter Teig entsteht.

2 Den Teig auf eine bemehlte Arbeitsfläche geben und kneten. Einwickeln und 1 Stunde kalt stellen.

3 Inzwischen für die Füllung den Ricotta in einer Schüssel zu einer weichen Masse verrühren. Den Puderzucker darübersieben und die restlichen Zutaten unterrühren. Abdecken und kalt stellen.

4 Den Teig auf einer bemehlten Arbeitsfläche 2 mm dick ausrollen und 9 cm × 7,5 cm große Stücke ausstechen. Die Teigreste erneut ausrollen und weitere Stücke ausstechen.

5 Eine Pfanne 5 cm mit Öl ausgießen und auf 190 °C erhitzen. Die Teigstücke auf eingefettete Cannoli-Formen rollen, sodass sich die Enden überlappen. Mit Eiweiß einpinseln und festdrücken. Jeweils 2 oder 3 Cannoli goldbraun ausbacken.

6 Mit einem Schaumlöffel aus dem Öl heben und auf Küchenpapier abtropfen lassen. Abkühlen lassen und vorsichtig von den Formen lösen. Mit dem restlichen Teig wiederholen.

7 Die Cannoli sind in einem luftdichten Behälter ungefüllt bis zu 2 Tage haltbar. Die Füllung erst 30 Minuten vor dem Servieren einspritzen, da der Teig sonst weich wird. Mit Puderzucker bestäuben und servieren.

Lavendelherzen

Ergibt 40 Plätzchen

ZUTATEN

225 g Mehl, plus etwas zum Bestäuben
25 g Butter, gewürfelt
75 g Lavendelzucker (s. S. 232) oder normaler Zucker

1 großes Ei
1 EL getrocknete Lavendelblüten, sehr fein gehackt

GARNIERUNG:
ca. 4 EL Puderzucker
ca. 1 TL Wasser
ca. 2 EL frische Lavendelblüten

1 2 Backbleche mit Backpapier auslegen. Das Mehl in eine Schüssel geben, die Butter zufügen und mit den Fingerspitzen einarbeiten, bis der Teig leicht krümelig ist. Den Lavendelzucker einrühren.

2 Das Ei leicht verquirlen und mit den Lavendelblüten unter die Mehl-Butter-Mischung rühren. Alles zu einem festen Teig verarbeiten.

3 Den Teig auf eine leicht mit Mehl bestäubte Arbeitsfläche geben und 5 mm dick ausrollen.

4 5 cm große Herzen ausstechen, dabei das Förmchen gelegentlich mit Mehl bestäuben. Die Teigreste erneut ausrollen und weitere Herzen ausstechen.

5 Die Oberfläche der Herzen einstechen. Im vorgeheizten Backofen bei 180 °C 10 Minuten backen, bis sie leicht gebräunt sind. Ein Kuchengitter mit Backpapier auslegen und die Herzen darauf abkühlen lassen.

6 Für die Garnierung den Puderzucker in eine Schüssel sieben. Das Wasser zufügen und zu einer glatten Paste verrühren. Eventuell noch etwas Wasser zugeben.

7 Die abgekühlten Herzen mit dem Guss besprenkeln. Solange er noch weich ist, die Lavendelblüten darüberstreuen. Den Guss mindestens 15 Minuten trocknen lassen. In einem luftdichten Behälter sind die Plätzchen bis zu 4 Tage haltbar.

2

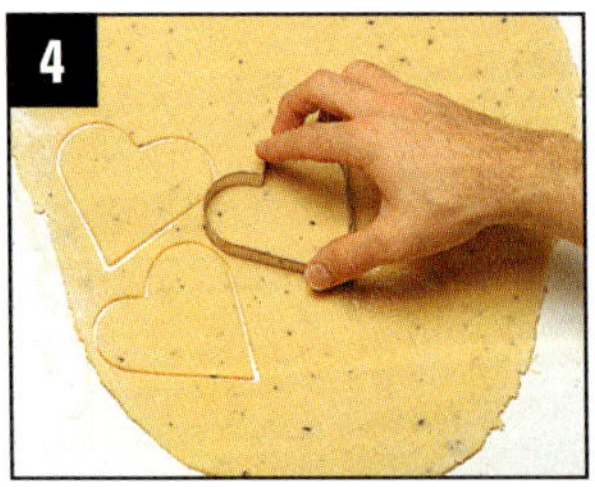
4

7

Mandelbiskuits

Ergibt 32 Plätzchen

ZUTATEN

150 g geschälte Mandeln
225 g weiche Butter
6 EL Puderzucker, plus etwas zum Bestäuben
275 g Mehl
10 Tropfen Vanillearoma
3 Tropfen Bittermandelaroma

1 2 Backbleche mit Backpapier auslegen. Die Mandeln mit einem Küchenmesser oder in der Küchenmaschine fein hacken. Sie müssen noch körnig bleiben. Beiseitestellen.

2 Die Butter in einer Schüssel mit dem elektrischen Handrührgerät weich schlagen. Den Puderzucker hineinsieben und weiterschlagen, bis die Mischung cremig ist.

3 Das Mehl in die Schüssel sieben und alles zu einem glatten Teig verrühren. Vanille- und Mandelaroma unterrühren. Die gehackten Mandeln zufügen und einrühren.

4 Mit einem Teelöffel 32 walnussgroße Kügelchen aus dem Teig formen und mit reichlich Abstand auf die Backbleche setzen. Im vorgeheizten Backofen bei 180 °C 20–25 Minuten backen, bis sie leicht gebräunt sind.

5 Die Plätzchen 2 Minuten auf dem Backblech fest werden lassen. Mit einer dicken Schicht Puderzucker bestäuben. Auf ein Grillrost setzen und vollständig auskühlen lassen.

6 Kurz vor dem Servieren mit etwas mehr Puderzucker bestäuben. Die Plätzchen in einem luftdichten Behälter aufbewahren.

VARIATION

Die Mandeln können auch durch Pekannüsse ersetzt werden, auch wenn dies nicht wirklich mediterran ist. Alternativ 2 TL fein geriebene Orangenschale in Schritt 3 zum Teig geben.

Vanillekuchen mit kandierten Früchten

Ergibt 12–15 Stücke

ZUTATEN

225 g kandierte Früchte, z. B. Kirschen und Orangen, Zitronen- und Limettenschalen oder kandierte Zitrusschalen (s. S. 178)
85 g gemahlene Mandeln
abgeriebene Schale von ½ Zitrone
170 g Mehl
175 g weiche Butter, plus etwas zum Einfetten
175 g mit Vanille aromatisierter Zucker
3 Tropfen Vanillearoma
3 große Eier, leicht verquirlt
1 TL Backpulver
1 Prise Salz
kandierte Früchte, zum Garnieren

1 Eine Kastenform (22 cm × 12 cm) einfetten, den Boden mit Backpapier auslegen.

2 Die Früchte in kleine Stücke hacken, größere Stücke für den Belag aufbewahren. Mit Mandeln, Zitronenschale und 2 Esslöffeln Mehl vermischen. Beiseitestellen.

3 Butter und Zucker cremig aufschlagen. Das Vanillearoma und nach und nach die Eier unterrühren.

4 Mehl, Backpulver und Salz in die cremige Masse sieben und gründlich einarbeiten. Die Fruchtmischung ebenfalls unterrühren.

5 Den Teig in die Kastenform geben und die Oberfläche glätten. Die größeren Fruchtstücke darüberlegen. Die Form locker mit Alufolie abdecken, sie darf den Kuchen nicht berühren. Im vorgeheizten Backofen bei 180 °C 1½ Stunden backen, bis der Kuchen aufgegangen ist.

6 5 Minuten in der Form ruhen lassen. Aus der Form lösen, das Backpapier abziehen und vollständig auskühlen lassen. In Folie eingewickelt ist der Kuchen in einem luftdichten Behälter bis zu 4 Tage haltbar. Mit kandierten Früchten garniert servieren.

TIPP

Machen Sie Ihren eigenen Vanillezucker: 1 Vanilleschote in ein Glas mit Zucker geben und verschließen.

Register